# 내 삶의 감사일기

옴니버스 인생 책쓰기 5편
50인이 전하는 감사의 향기

Thank you!

삶을 더욱 열정적이고
행복하게 살고 싶은 당신에게

이 책을 전합니다

# 내 삶의 감사일기

초판 1쇄 발행  2025년 03월 04일

지은이_
우경하 이은미 조유나 박선희 이연화 조대수 최현주 이형은 윤민영 심푸른
황경남 김경화 강화자 양 선 한준기 김송례 장예진 김미옥 김종호 조성연
음희화 이석희 엄일현 최형임 데보라 조미라 문선화 정원임 장선희 남궁인정
김지영 한기수 김혜경 박해리 최찬희 세 라 오순덕 최민경 한민정 최윤정
김선화 홍세연 신선주 안재경 이언주 김성환 우정희 김미례 정진우 정광영

펴낸이_ 김동명
펴낸곳_ 도서출판 창조와 지식
기획 구성 편집 디자인_ 우경하
표지디자인_ 디자인플래닛
인쇄처_ (주)북모아

출판등록번호_ 제2018-000027호
주소_ 서울특별시 강북구 덕릉로 144
전화_ 1644-1814
팩스_ 02-2275-8577
ISBN_ 979-11-6003-855-2 (03190)
정가 18,000원

이 책은 저작권법에 따라 보호받는 저작물이므로
무단 전재와 무단 복제를 금지하며
이 책 내용을 이용하려면 반드시 저작권자와
도서출판 창조와 지식의 서면동의를 받아야 합니다.
잘못된 책은 구입처나 본사에서 바꾸어 드립니다.

## 50인 지은이 소개

우경하 이은미 조유나 박선희 이연화
조대수 최현주 이형은 윤민영 심푸른
황경남 김경화 강화자 양 선 한준기
김송례 장예진 김미옥 김종호 조성연
음희화 이석희 엄일현 최형임 데보라
조미라 문선화 정원임 장선희 남궁인정
김지영 한기수 김혜경 박해리 최찬희
세 라 오순덕 최민경 한민정 최윤정
김선화 홍세연 신선주 안재경 이언주
김성환 우정희 김미례 정진우 정광영

# 내 삶의 감사일기

# 1장. 지은이 소개

01. 우경하 : 나연구소 대표, 한국자서전협회장
02. 이은미 : 오색그림책방 대표, 한국미래평생교육원장
03. 조유나 : 유나리치, 한국개척영업컨설팅연구소 대표
04. 박선희 : 더원인재개발원 대표, (주)ESG경영연구원 이사
05. 이연화 : 한국그림책작가협회 정회원, 한우리 독서지도사
06. 조대수 : 화법연구소 대표, 백년멘토(주) 대표
07. 최현주 : 프리타라인 대표, 부산지역사회교육협의회 책임강사
08. 이형은 : 강남대 도서관학과 졸업, 북큐레이터, 독서 지도사
09. 윤민영 : 자담인영힐링 대표, 온라인 오프라인 건강강의 코칭
10. 심푸른 : 전남대학교 석, 박사학위 취득, 대한웰다잉협회 전문 강사

## 2장. 지은이 소개

11. 황경남 : 꿈 이루는 책방 글숲 대표, 한국자서전협회 강화지부장
12. 김경화 : 책쓰는 요양보호사, 저서 내 삶을 바꾼 책 외 6권
13. 강화자 : 1인 기업가 공감 톡 브랜딩 대표, 북소리꿈쌤
14. 양 선 : 여여나무연구소 대표, 기획 프로그램전문가
15. 한준기 : 경기대 행정대학원 석사, 마라톤명인
16. 김송례 : GnB영어전문학원 원장, 아이러브스터디 대표이사
17. 장예진 : 상담심리 치료 박사(PHD), 미술치료사 심리검사 전문가
18. 김미옥 : 사회복지법인 제주공생 희망나눔종합지원센터 센터장
19. 김종호 : 웰다잉 전문강사, 사전연명의료의향서 상담사
20. 조성연 : 병영생활 전문 상담관, 의정부 가정법원 상담 위원

# *3장. 지은이 소개*

21. 음희화 : 국민안전원 대표, 국제인증교육원 원장
22. 이석희 : 갈사교회 담임 목사(29년차 시무 중)
23. 엄일현 : 나연구소 홍보 담당, 자책 1권, 종이책 3권 출간
24. 최형임 : 신세계합동녹취속기사무소 대표속기사
25. 데보라 : For Me Skincare LA 원장, 친환경 K뷰티 메니져
26. 조미라 : 성남지역사회 교육협의회 체험학습강사, 보완대체의학박사
27. 문선화 : 희망이룸 대표, NCS기반 취업지도 전문강사
28. 정원임 : 글로벌미래교육원 대표, 재능환전소 대표
29. 장선희 : 학교에서 40년 가깝게 근무 후 은퇴
30. 남궁인정 : 전남대학교 석사학위 취득, 함평군 지방공무원

# 4장. 지은이 소개

31. 김지영 : 유치원 교사 & 유아교육 석사
32. 한기수 : 한국남성행복심리상담연구소 대표, 여여나무연구소 국장
33. 김혜경 : 공간 지음 대표, 행복 책방 대표
34. 박해리 : 이음심포니커 대표, 2024 삿포로교류오케스트라 연주
35. 최찬희 : 미술 치료 강사, 인지 교구 강사, 웃음 치료 강사
36. 세 라 : 영어학원 원장(전), 영어교육 전문가, RYTK300 요가지도자
37. 오순덕 : 한글마루 창작소 공동대표, 한글만다라 개발자
38. 최민경 : 라이프 P.D. 하트나비라이프(Heart Navi Life) 창업
39. 한민정 : 쥬드발레하우스무용학원원장, 세종특별자치시교육협회 회장
40. 최윤정 : 윤정교육연구소 소장, 대전보건대학교 유아교육과 겸임교수

# 5장. 지은이 소개

41. 김선화 : 영산대학교 겸임교수, 청소년지도사
42. 홍세연 : 작은 꿈이 어떤 나비의 날갯짓이 될지 궁금해하는 소녀
43. 신선주 : 주주케어 대표, 동남보건대 피부미용과 졸업
44. 안재경 : 유닛스튜디오 대표, 마벨꾸띠끄 대표
45. 이언주 : 마벨꾸띠끄 대표원장, 비주얼크리에이터협회장
46. 김성환 : 엘림비젼교회 담임목사, 강동기독실업인회 회장
47. 우정희 : 청도재가노인복지센터장, 한세대 사회복지행정학과 박사
48. 김미례 : I COLOR 'n BRAIN연구소대표, 브레인트레이너
49. 정진우 : 별무리 고등학교 학생
50. 정광영 : 주산농장 대표, 베들한우영농조합법인 대표

## 프롤로그

  우리 모두가 바라는 건 행복한 성공이다. 과거에는 행복과 성공의 기준을 내 안에서 찾지 못하고 외부에서만 찾았기에 늘 부족한 생각이 들었고 스스로 만족스럽지 못했다. 그러다 감사의 마음을 갖기 시작하면서 추운 겨울을 견뎌내고 피어오르는 새싹처럼 충만함이 피어오르는 감사한 경험을 했다.

  이 책은 감사일기를 주제로 50명이 함께 쓴 공동 저서다. 우리는 인생을 살면서 감사하게 생각하는 내용들을 찾아보고 글로 쓰면서 큰 만족과 행복감을 느꼈다.

  이 책은 특별한 순간만을 담는 책이 아니다. 등잔 밑이 어둡다는 말처럼 바쁘게 돌아가는 세상 속에서 우리는 종종 잊고 살아간다. 따스한 햇살의 소중함을, 오늘이라는 시간의 선물을, 늘 우리와 함께 하고 지켜주는 사람들의 존재를, 보이고 움직여지고 먹고 길을 걸어 다니는 일상의 기적 같고 경이로운 순간들을. 이 모든 것이 감사하다는 것을 배운다.

  이 프로젝트는 전자책, 공동 저서, 자서전을 전문으로 진행하는 나연구소의 [옴니버스 인생 책쓰기] 프로젝트 5편이다. 프로젝트는 매월 1권씩 출판, 총기간 8년, 100편까지 진행을 목표로 한다.

  감정은 전염이 된다. 우리의 감사 향기가 세상에 잘 전해지길 바라며 마음이 따뜻해지는 우리의 감사일기를 소개한다.

# 목 차

프롤로그/12

1장. 진짜 나로 살아가는 기쁨과 감사 /14
2장. 웃어요, 찰칵! /56
3장. 어머니의 DNA, 나의 힘이 되다 /98
4장. 오늘 하루는 선물입니다 /140
5장. 삶을 연결하는 감사의 점 /182

에필로그 /224

## 내 삶의 감사일기

## 1장. 진짜 나로 살아가는 기쁨과 감사

**01. 우경하**
진짜 나로 살아가는 기쁨과 감사

**02. 이은미**
씨앗에서 나무로, 그리고 숲으로

**03. 조유나**
감사할수록 세상이 아름답다

**04. 박선희**
21일 감사의 기적

**05. 이연화**
모든 일상에 감사

**06. 조대수**
마이크 접신 10년 차 감사의 삶

**07. 최현주**
언제나 내 편! 나에게 감사

**08. 이형은**
감사 쓰기의 한 줄 명언

**09. 윤민영**
꾸준한 감사로 모든 것을 이루다

**10. 심푸른**
내 삶을 뒤흔든 도전에 감사

# no.01

# 우경하

❏ 소개
1. 나연구소 대표
2. 한국자서전협회장
3. 전자책, 공동저서. 자서전 출판 전문
4. 온라인 오프라인 450회 이상 강의 코칭
5. 전자책, 종이책 포함 168권 이상 출판
6. 누적 출판작가 540명 이상 배출
7. 닉네임: １００권작가

❏ 연락처
1. 네이버 검색: 우경하
2. 유튜브 검색: 나연구소

# 진짜 나로 살아가는 기쁨과 감사

춥지도 덥지도 않은 적당한 온도가 유지되는 안락하고 편안한 사무실에서 지금, 이 글을 쓰고 있다. 이런 나만의 공간이 있고 내가 잘하고 좋아하는 일을 하고 있기에 참으로 감사하고 행복하다.

다양한 책을 보고, 삶의 경험이 쌓이고, 진정한 행복과 참 가치를 생각하면서 감사의 필요성과 중요함을 많이 느낀다. 우리가 모두 바라는 것은 행복과 성공이다. 이런 행복과 성공의 기준은 세상과 밖에 있는 것이 아니라 모두 내 안에 있다.

세상이 "당신은 참으로 행복한 사람이야"라고 해야 그런 게 아니라 나 스스로 내가 진짜 행복하다고 느껴야지만 행복의 진정한 맛을 느낄 수 있다. 행복은 자기만족에서 나오고 자기만족은 감사가 큰 영향을 준다고 생각한다.

내가 내 삶에 감사하는 부분은 크게 3가지다.

**첫 번째. 진짜 나로 살아가는 것에 대한 감사**

보고 듣고 배운 대로 남의 말을 잘 듣는 착한 사람이 되어 그저 열심히 인생을 살았지만 행복하지 않았던 시절이 있었다. 30대 중반 직장인 10년 차가 되었을 무렵이었다. 내가 하는 일이 진정으로 내가 잘하고 좋아하는 일이 아님을 알았고 미래는 불안했다. 내 깊은 마음속에서 가슴 설레는 일을 하며 진짜 나로 행복하게 살고 싶다는 마음의 외침 소리가 들렸다. 변화를 위해 마음공부와 다양한 자기 계발을 하던 중 내 불행의 원인이 내가 나를 모르기 때문임을 알게 되었다.

나를 알고 싶은 간절한 마음으로 질문, 마음 관찰, 글쓰기를 집요하게 했다. 그 결과 늘 외부와 남에게로 향하던 관점이 안으로 내게로 변하면서 나라는 또 하나의 신세계를 만나게 되었다. 그 세상은 크고 무궁무진했다. 그 경험으로 '나'의 중요성을 깨달았고 [나연구소]라는 이름을 만나게 되었다. 덕분에 지금은 내 마음의 소리를 들으며 살고 있고 세상에 '당신이 가장 소중하다'는 메시지를 전하는 사람이 되어 매우 감사하다.

**두 번째. 매 순간 성장하는 내 모습에 대한 감사**

사람은 환경에 큰 영향을 받는다. 직장인 시절 변하고 성장할 수밖에 없는 환경으로 나를 던지고 싶었다. 그렇게 해야만 내가 성장하고 내 삶이 변할 것 같았다. 그래서 선택한 것이 1인 기업 사업이었다. 경험이 없고 잘 된다는 보장이 없었기에 너무도 두렵고 무서웠지만 나는 간절하고 절실했다.

그 길은 외롭고 힘들었다. 적응하고 배우는데 많은 시간, 비용, 에너지, 노력이 들었고 혼란과 좌절도 경험했다. 하지만 환경이 바뀌니 나는 달라지기 시작했다. 꾸준한 글쓰기를 통해서 나의 강점을 알아갔고 책 쓰기와 강의를 통해 나만의 콘텐츠를 만들어갔다. 처음은 미약하나 나중은 창대함을 믿었다.

어설프고 부족했지만 보완하면서 계속 성장해 나갔다. 그러면서 점점 더 내 분야에서 전문가가 되어갔다. 경험과 노하우가 쌓여가며 자신감도 늘어갔다. 늘 수동적이자 인풋인 읽기와 듣기가 아니라 능동적이고 아웃풋인 글쓰기, 책 쓰기와 강의를 통해 내면의 힘이 커지고 성장하는 내 모습을 보며 만족스러웠고 기뻤다. 사업이란 환경은 내가 열심히 하고 잘하지 않으면 안 되는 환경이었다. 그래야지만 나를 바로 세우고 내 가족들을 지킬 수 있다. 덕분에 내 모든 감각은 매우 예리해졌다. 덕분에 나는 매 순간 성장하고 진화한다. 참 감사하다.

**세 번째. 사람들을 성장시키고 행복하게 하는 내 일에 감사**

나는 전자책 출판 코칭과 강의, 공동저서 출판 프로젝트, 자서전 쓰기 코칭과 강의를 통해 사람들의 꿈을 이루어주는 일을 한다. 글쓰기와 책 쓰기를 통해 함께 하는 사람들이 자신의 삶을 돌아 보고, 진짜 나를 찾고, 퍼스널 브랜딩을 한다. 그를 통해 성장하고 행복해하는 모습을 보며 나 또한 큰 보람과 성취감을 느낀다. 내가 하는 일은 내가 성장하고 행복한 일인 동시에 세상 사람들의 성장과 행복을 돕는 일이다. 이런 일을 할 수 있음에 매우 감사하다.

내 인생의 목표는 '진짜 나 최고의 내가 되기, 하고 싶은 일만 하며 살기, 내일 죽어도 후회 없는 인생을 살기다.' 이 목표는 과거의 내가 그렇게 살지 못했기 때문에 세워진 목표이다. 덕분에 지금은 이 모든 목표를 이루며 살고 있다. 인생을 어떻게 살고 싶냐는 질문에 내 답은 **'진짜 나로 산다'**이다.

## no.02
# 이은미

❑ 소개
1. 한국미래평생교육원장
2. 오색그림책방 대표
3. 윤슬그림책출판사 대표
4. 그림책심리성장연구소 경기 1지부
5. 한국작가협회 부회장 & 포천지부장
6. 한국자서전협회 부회장 & 포천지부장
7. 개인저서, 공저, 전자책 50권 작가

❑ 연락처
1. 네이버 검색: 오색그림책방
2. 유튜브 검색: 그림책이은미

# 씨앗에서 나무로,
# 그리고 숲으로

땅속에 묻힌 작은 씨앗처럼 내 어린 시절은 땅속 깊이 묻힌 씨앗 같았다. 엄마 없는 집에서 무뚝뚝한 아빠와 함께, 또래 친구들이 누리는 평범한 일상 대신 살림을 도맡으며 하루하루를 살았었다. 그 시간은 나에게 강인한 뿌리를 내릴 수 있게 도와주었다.

낯선 서울에서 시작한 외로운 생활과 엄마처럼 의지하던 친구가 세상을 떠났을 때 세상이 무너지는 듯했다. 항상 곁에 서서 나를 보듬어 주고, 어려운 일이 있을 때 먼저 손을 내밀어 주던 친구였다. 친구의 빈자리는 생각보다 컸고, 그 공허함은 쉽게 메워지지 않았다. 아무도 모르는 도시에서 홀로 버텨야 했던 날들은 한없이 고독했고, 마음은 자주 무거웠다. 처음에는 외로운 나날 속에서 슬픔이 더 깊어지는 듯했지만, 시간이 흐르며 문득 감사함이 피어오르기 시작했다.

친구가 내게 남긴 따뜻한 기억들은 마치 불빛처럼 어두운 마음을 밝혀 주었다. 친구가 보여주었던 사랑과 배려를 떠올리며, 비록 곁에 없더라도 내 삶의 일부로 남아 있다는 것을 느낄 수 있었다. 친구가 가르쳐 준 건 단지 우정만이 아니었다. 어려운 순간에도 사람들에게 마음을 열고 손을 내밀 줄 아는 용기, 그리고 혼자여도 자신을 사랑하고 존중하는 법을 배웠다. 서울 생활의 고독 속에서도 나는 감사함을 배웠다. 처음엔 불편하고 낯설었던 도시의 환경도 새로운 도전을 시작할 기회를 주었다. 나를 아는 사람이 아무도 없는 곳에서, 진정한 나 자신을 찾아가는 시간을 가질 수 있었다. 스스로를 돌보며 한 단계씩 성장해 나가는 기쁨을 느낄 수 있었던 것도 친구가 남긴 힘 덕분이었다.

그리고 결혼은 또 다른 삶의 시간을 선물해주었다. 홀시어머니의 미움을 받았던 시간은 마치 차가운 겨울 같았지만, 그 안에서 나는 묵묵히 버티는 법을 배웠다. 차가운 바람이 불어도 씨앗은 흙을 뚫고 자라나기 위해 조용히 힘을 모으듯이 내 아이들을 만나면서 새 삶의 빛과 희망 같은 푸른 싹이 피어나는 밝은 날을 기다렸다.

잔잔한 비와 햇빛으로 따스한 감사함을 알아갔다. 그리고 아이의 아픔과 IMF의 경제적 위기는 씨앗에게 거친 폭우와 같았다. 작은 아이의 병원비를 감당하지 못해 주저앉고 싶었던 순간들, 큰아이가 방황하며 마음을 아프게 했던 시간은 내 인생에서 가장 어두운 구름이었다.

하지만 그때마다 주변 사람들의 따뜻한 관심과 사랑은 잔잔한 비가 되어 뿌리를 적셔 주었다. 믿음과 신뢰로 지지해 준 가족, 힘들 때마다 함께 울어준 친구들, 내가 병상에서 다시 일어설 수 있도록 손을 내밀어 준 이들이 있었기에 나는 비바람 속에서도 자랄 수 있었다.

그렇게 나무로 자라난 오늘이 내 앞에 있다. 어느 날, 뒤를 돌아보니 나는 이미 작은 나무가 되어 있었다. 힘들었던 시간은 내 뿌리를 더욱 단단하게 했고, 사랑과 응원은 내 가지를 넓게 뻗게 했다. 지금은 1인 기업인으로서 내 꿈을 이루며 긍정의 열매를 맺는 삶을 살고 있다.

삶을 돌아보면 모든 어려움은 성장의 거름이었고, 그 거름 덕분에 여기까지 올 수 있었다. 앞만 보고 달렸던 직장생활도, 병으로 넘어졌던 시간도 모두 더 깊이 뿌리내릴 수 있도록 만든 과정이었다.

그렇게 숲이 되어가는 내일은 씨앗에서 나무로 자랐지만, 꿈은 여기서 멈추지 않았다. 내 삶은 이제 다른 씨앗들에게 거름이 되고 싶었다. 내 이야기가 누군가의 삶에 용기를 줄 수 있다면, 내가 받은 사랑과 응원을 다시 세상에 돌려줄 수 있다면 그것이 내 삶의 또 다른 열매가 될 것이다.

숲은 나무 하나로 완성되지 않는다. 나무와 나무가 연결되고 서로에게 그늘을 만들어 줄 때 비로소 숲이 된다. 나는 오늘도 주변의 사람들과 함께 숲을 만들어가고 있다. 함께 나누고, 서로를 지지하며, 더 큰 사랑과 희망의 메시지를 전하고 있다. 감사함으로 피어난 삶의 바람과 비는 흔들리는 순간들을 만들었지만, 감사는 그 순간마다 나를 바로 세웠다. 나는 지금도 성장 중이다. 과거의 씨앗이 나무가 되었듯이, 나무는 이제 숲을 꿈꾼다.

누군가를 위해 내민 작은 손길, 따뜻한 말 한마디, 그리고 함께 걸었던 한 걸음이 더 큰 희망과 사랑으로 자라날 것이다. 오늘도 감사하는 마음으로 내 뿌리를 더 깊게 내리고, 내일의 숲을 꿈꾸며 살아간다.

## no.03 조유나

❏ **소개**
1. 한국개척영업컨설팅연구소 대표
2. 유나리치 인카금융서비스 대표
3. 2023 더 베스트금융 연도대상 금상
4. 2022년 한국 영업인협회 신인상
5. 2017년 메리츠화재 연도대상 동상
6. DB생명 위드유 보험왕
7. 2024년 클래스유 〈개척여신이 알려주는 억대연봉 꿀팁〉
8. 개척영업 전국 1위 인기강사
9. 1대1 영업진단 / 코칭 및 명함컨설팅
10. 조유나작가 출간저서 공저. 전자책 포함 15권

* 전국 수강생- 연도대상. 억대연봉, 월천여신 달성 다수
* 닉네임: <u>유나리치 개척여신 조유나</u>

❏ **연락처 010 2415 5999**
1. 네이버 검색: 조유나의톡톡
2. 블로그: younarich1004
3. 인스타: @younarich

# 감사할수록
# 세상이 아름답다

만약에 스무 살로 돌아갈 수 있다면 돌아가고 싶은가? 나는 "절대 NO"라고 답하고 싶다. "왜? 20대 젊은 청춘이 더 예쁘지 않으냐고요?" 난 지금이 너무 좋고 지금 갖고 있는 모든 것이 좋다. 누구한테나 20대는 꽃다운 나이이고 젊고 예쁜 나이이다. 사진만 찍어도 예전엔 필터 없이 그냥 그대로가 좋다. 지금은 어플 없이 사진을 못 찍는 나이가 되었다. 뽀샵해서 나 같지도 않은 AI 같은 사진을 보고 대리만족을 한다.

지금이 청춘이고 20년을 거슬러 갈 만큼 좋다고 말하는 데는 나만의 이유가 있다. 스무 살의 나는 불평불만이 많고 소심하고 말 없는 아이였다. 할 말도 잘 못하고 집에 가서 이불킥을 하는 그런 내가 답답하고 참 싫었다.

주변에 성격이 활달한 친구들을 보면 너무 부러웠다. 시골 출신이라 풍족하지도 않았고 남보다 못하다는 생각에 자존감이 떨어져서 더 소심했다. 변화가 필요했다. 어떻게 해야 할까. 변화를 위해 연습을 해보았다. 모르는 사람들에게 아는 길을 물어보는 연습부터 해보았다. 그러면서 말하기 시작하고 조금씩 마음도 열리는 것이 느껴졌다. 소심했을 때 나는 사진 찍어도 너무 어색하고 웃을 줄을 몰랐다. 바꿔야 한다. 세상을 웃으면서 바라보기로 했다.

처음엔 어색했지만, 꾸준히 미소 짓고 웃으면서 말하기 연습을 했다. 인상이 훨씬 부드러워졌다. 그리고 말하면서 조금씩 깨달았다. 부정적인 것보다는 긍정적인 말투가 사람들을 끌 수 있다는 것을. 그때부터 긍정적으로 생각하고 무엇이나 감사하게 생각하기 시작했다. 투덜대기보다는 감사함으로 대화를 이끄는 것이 훨씬 매력 있어 보인다. 별거 아닌 것도 감사함을 표시하니 특별함으로 다가온다.

나는 첫째 아이 이름을 지으러 도서관으로 갔다가 그때부터 책을 보기 시작했다. 책 속에 작가님은 감사일기를 쓴다고 했다. 일기도 귀찮은데 무슨 감사일기? 그냥 넘기려다가 다시 내용을 읽어보았다. 주변에 어떤 감사할 것이 있는지 찾아보고 모든 걸 감사함으로 하면 더 좋은 일이 생긴다고 한다. 감사한 마음으로 주변을 돌아보니 처음엔 몰랐는데 정말 감사할 것이 너무 많다는 걸 알게 됐다.

지금 내가 하고 싶은 일을 하고 있어서 너무 감사하다. 엄마랑 가까이 지낼 수 있고 엄마가 해주는 맛있는 반찬을 먹을 수 있어서 감사하다. 영업하면서 강의도 하고 사무실도 갖고 있다. 좋아하는 일을 하고 돈도 번다. 얼마나 감사한 일 천지인가. 어린 딸 둘이 알아서 잘 놀고 있는 것도 감사하고. 편하게 일하게끔 잔소리 안 하는 남편도 고맙게 느껴졌다. 그전에 나는 남편이 일을 도와주는 것이 없고 사랑 표현도 할 줄 모른다고 생각했었는데 지금 생각해 보니 아니다. 일을 편하게 하라고 그만의 방식으로 묵묵히 도와주는 것이다. 얼마나 고마운가. 그 마음 몰라준 내가 미안하다.

  사무실에는 열심히 일하는 직원이 있고 함께 일을 도와주는 총무님, 비서실장님이 있다. 회사마다 지점장님 매니저님이 잘 도와주고 있다. 나를 보면서 힘을 얻는다는 개척 영업 오픈톡 방에는 9백 명이 나를 보면서 응원해 준다. 너무나 감사한 일 천지이다. 감사일기를 쓰기 시작하면서 내 주변 모두가 사랑스럽게 변하고 있는 것 같다. 왜 그런 걸 진작 몰랐을까 하는 생각이 든다. 감사일기 3줄을 쓰다가 10줄이 된다. 더 좋은 일이 일어나는 것 같고 잘 풀리고 있다. 지금 건강한 몸을 가지고 있음에 감사하고 처음 만나서 믿고 계약까지 가입해 주신 고객님에게 감사하다. 소개까지 이루어진다.

  멀리 제주도, 부산에서도 개척 강의를 들으러 비행기를 타고 오는 수강생도 있다. 내가 일하면서 활동하는 사진이랑 일정을 공유하면 늘 고맙다고 보면서 힘이 된다고 한다. 강의 듣고 후기 글로 감동을 주는 고마운 교육생들 덕분에 나는 더 감사하다. 팬이라고 하면서 롤 모델로 봐주시고 전화 한 통에도 고마움에 어쩔 줄 모르는 교육생들 보면서 나도 힘이 나고 고마움에 더 열심히 하게 된다.

  감사일기를 쓰다 보면 세상이 아름답게 보인다. 처음에는 왜 써야 하는지 불평하는 사람이었지만 요즘은 감사 일기를 쓰면서 잠들기도 한다. "나는 왜 하는 일마다 잘 되지!"
감사하면 더 잘 되고 생각하는 대로 다 이루어진다!
오늘도 감사함 가득 안고 행복하다.

♡You&Na Rich♡ 조유나

no.04

# 박선희

❏ 소개
1. 더원인재개발원
2. (주)ESG경영연구원 이사
3. 경남카네기리더십연구소 전문강사
4. 교육학박사수료
5. ESG경영컨설턴트, 공정채용컨설턴트, 사업주훈련교사, 작가, 블로거
6. 더원출판사 대표: 전자책, 공동저서. 자서전 출판 전문
7. 네이버 인물검색:박선희작가/닉네임:오이작가

❏ 연락처
1. 블로그: https://blog.naver.com/wakeupsun
2. 네이버 검색:  박선희작가, 강사, 전문직업인

# 21일 감사의 기적

나를 찾는 하루 5분 코칭스킬
1. 감사하면 떠오르는 것을 적어 보자
2. 21일 감사의 기적을 적어보자
3. 이 경험으로 내 삶은 어떤 변화가 생겼는가?

2022년. 11월. 30일. 감사 일기
  1. 카네기 강사 모임에서 감사 일기를 소개해 준 송OO 강사님 감사합니다. 2. 매일 아침 출근길에 친정맘에게 전화한다. 매일 건강하게 전화를 받는 어머니가 있어서 감사합니다. 3. 감기에 좋은 모과차를 할인 구매할 수 있어서 감사합니다.

  감사 일기를 쓴 지 3년 차다. 존경하는 송OO 강사님이 2년째 감사 일기를 쓴 경험을 이야기했다. 감사 일기를 쓴 후 삶이 바뀌더라는 경험담도 함께 들었다. 단지, 감사 일기만 썼을 뿐인데, 삶이 바뀐다니 호기심이 생겼다. 카네기 강사님들과 함께 감사 일기를 쓰기 시작했다. [가네시 출판사]에서 출간하는 똑같은 10년 일기장을 구입했다.
  일기장을 받고 마음이 이상했다. 100년을 산다면 10년 일기장 5권이겠다라는 생각이 드니 감회가 새롭다. 아날로그로 쓰는 일기장 오랜만이다. 새해 공약으로 시작한 일이지만 처음에는 쓸 거리가 없어서 막막했다. 감사가 익숙하지 않기 때문이다. 도서관에 가서 감사 관련 책을 읽고, 유튜브와 블로그의 영상을 참고로 하여, 감사 일기 쓰는 방법을 알아보았다.

☑ 감사 일기 쓰는 법
1. 한 줄이라도 좋으니 매일 써라.
2. 주변의 모든 일을 감사하라.
3. 무엇이 왜 감사한지 구체적으로 작성하라.
4. 긍정문으로 써라 (그럼에도 불구하고~ 감사합니다)
5. '때문에'가 아니라 '덕분에'로 써라.
6. 감사 일기는 현재 시제로 써라.
7. 모든 문장 마지막은 '감사합니다´로 마무리하라

한 줄이라도 매일 일기를 쓰기 시작했다. 잠자기 전 하루를 돌아보며 쓰기 시작한 감사 일기. 때로는 감사가 넘쳐 10줄 이상 쓰기도 하고, 때로는 무성의하게 쓰기도 했다. 어떤 때는 졸면서 쓰기도 했다. 하지만, 한 줄이라도 매일 적었다.

감사 일기를 쓴 3년이 지난 후 내 삶은 크게 바뀌고 있다. "감사합니다". "덕분입니다" 말을 자주 하며 더욱 긍정적으로 변화하였다. 사소한 것도 의미를 부여하기 시작했다. 보는 관점을 바꾸기 시작했다. 감사하다는 마음을 가지니 상대의 행동에 "왜 그럴까?"보다 "이유가 있겠지!" 이해하기 시작했다.

그래서일까? 나를 도와주는 사람이 늘었다. 생각지 못한 사람들이 나를 도와주었다. 새 사무실을 오픈했고, 기존 사업에 사업 영역이 넓어졌다. 강의 과목 중 '기적의 감사일지'로 강좌 오픈도 하였다.

기업 강의를 하면서 감사일지 강의를 한다. 직무강의의 기초 소양으로 커뮤니케이션과 대인관계가 있다. 감사는 대인관계뿐 아니라, 자존감과 행복감을 느끼는데 가장 좋은 스킬이다. 실제로 '21일 감사의 기적' 강의를 듣고, 일지를 쓰고 나서 내게 고맙다는 연락하는 수강생들이 늘었다.

*"사생아로 태어나 할머니 손에 자란 한 소녀. 삼촌의 성폭행으로 14살 나이에 미혼모가 되었고, 마약과 알코올에 빠져 청소년기를 보낸 소녀. 세계적으로 가장 영향력 있는 사람이며 토크쇼의 여왕인 이 사람은 바로 오프라 윈프리입니다. 지금의 그녀가 있게 한 것은 매일 쓰는 감사일지입니다."*

2032년까지 10년 감사를 쓸 예정이다. 10년 후 더 근사하게 성장할 내게 감사함을 미리 전하고 싶다.

"당신이 가진 것에 감사하세요. 결국 더 많이 갖게 됩니다. 감사는 당신의 일상을 바꿀 수 있는 가장 빠르고 쉬우며 강력한 방법입니다."
-오프라 윈프리-

# no.05

# 이연화

❏ 소개
1. 한국그림책작가협회 정회원
2. 작가: 베스트셀러 『내 삶의 귀인』 공저 출간
3. 보육교사 및 그림책지도사
4. 그림책작가 『날아라! 민들레야』 (안산 관내 도서관 배포용)
5. 매체활용 퍼실리데이터 강사
6. 한우리 독서지도사
7. 닉네임 : 그림책과 함께

❏ 연락처
1. 네이버 검색 : 그림책과 함께
2. 인스타 검색 : @lover_b00k

# 모든 일상에 감사

 '어쩌다 보니'라는 말처럼 하루하루를 정신없이 살아오게 되었다. 힘든 순간도 있었고, 행복한 순간들도 많았지만, 그때 그 순간에 다른 선택을 했더라면 하는 후회되는 시간도 있었다. 하지만 그때로 돌아간다 해도 똑같은 선택을 했을 나이기에 그런 나를 인정하고 살아가려 하고 있다. 나를 있는 그대로 인정하는 순간 모든 게 변했다. 그 순간이 오기까지 많은 시간이 필요했다. 그 시간은 그냥 주어진 것이 아니었기에 나를 돌보는 시간이 나에게 주어진 것에 감사했다.

 심리적 불안감으로 인한 대인기피증과 불안장애 때문에 마음이 아프다 보니 몸도 차례로 망가지기 시작했다. 더 이상 아이들을 돌볼 수 없는 상황에 놓이면서 퇴사하게 되었다. 여러 곳의 병원에 다니면서 입원과 수술을 반복하다 보니 지치고 힘이 들었다. 그러면서도 나는 행복하고 감사함을 느끼며 살아가고 있다.

 내가 감사하게 생각하는 것은 일상, 가족, 만남, 이 세 가지 키워드로 말할 수 있을 것 같다.

☑ **첫 번째 감사 키워드는 '일상'이다.**
 직장을 그만두고 건강을 챙기면서 했던 일은 잘 먹고, 잘 자고, 잘 쉬는 것이었다. 대중교통을 이용하는 대신 되도록 걸어 다니면서 병원 진료를 받았다. 시간이 날 때마다, 무기력이 몰려올 때마다 무조건 밖으로 나가 산책을 하거나 공원을 돌았다. 그러다 보니 자연스럽게 눈길이 길가에 자라나는 풀들과 나무, 들꽃들에 관심을 갖게 되었다. 그중에서도 민들레가 제일 마음에 닿았다.

  날씨에 상관없이 비가 오거나 눈이 오거나 바람이 세차게 불어올 때도 민들레는 노란빛을 잃지 않으려 안간힘을 쓰며 버티고 있었다. 강인하게 살아가려는 민들레는 나에게 살아갈 용기를 주고, 환하게 웃어주는 민들레를 보면서 나도 사람들에게 밝은 빛을 전해주는 사람이 되고 싶다는 마음을 품게 해 주었다. 그러면서 건강도 체력도 조금씩 나아졌다. 그렇게 자연은 나에게 일상의 소소함에서 오는 행복을 느낄 수 있게 해 주었다.

☑ **두 번째 감사 키워드는 '가족'이다.**

  병원 생활이 오래 지속되면서 엄마로서 아이들을 돌보지도 못하고, 아내의 역할도 제대로 할 수 없었다. 지치고 힘들어 집에 오면 누워있다시피 하는 상황에서 음식과 집안일을 한다는 것 자체가 무리였다. 병원에서는 '절대안정'이라고 그냥 아무것도 하지 말고 쉬어야 한다고 했지만, 현실은 내가 해야만 하는 일들이 가득했다. 퇴근하고 온 남편이 식사를 담당해 주고, 아이들은 스스로 자기들이 할 수 있는 집안일을 도우며 생활을 이어 나갔다. 처음엔 답답하기도 했지만, 참견할 처지가 아니었기에 지켜보기만 했다. 차츰 시간이 지나면서 아이들도 남편도 익숙해져 내가 나서지 않아도 되었다. 각자의 자리에서 묵묵히 살아온 가족들에게 감사하는 마음이다.

☑ **세 번째 감사 키워드는 '만남'이다.**

인생을 살아오면서도 많은 사람과의 인연이 있었다. 그중에서는 악연도 있었지만, 좋은 인연도 많이 있었다. 내가 어렵고 힘들 때 오랜 시간 동안 용기를 줬던 친구들, 그림책 동아리 선생님들, 선생님이 제일 좋다며 웃어주던 사랑스러운 꼬마 친구들, 글쓰기 공부를 하면서 많은 배움과 깨달음을 주신 강사님들, 병원 의사 선생님들과 간호사 선생님들, 도서관 사서님들과 동네 책방에 책방지기님들, 그림책 작가님들 등.

모두 모두가 나에게는 소중하고 감사한 분들이었다. 모두가 함께하면 행복이 배가 된다는 것을 깨닫게 해주신 분들이기에 '나는 행복한 사람이다'라고 자신 있게 말할 수 있게 되었다.

내가 가는 길이 외롭지 않다.
나는 혼자가 아니기 때문이다.
사람들과 함께 가는 내 길이 행복만이 가득한 길이라 믿기 때문이다. 함께 감사하는 삶을 살아갈 수 있게 해 주신 나의 모든 인연에 감사하단 말을 글로 전해본다.

"함께 할 수 있음에 감사합니다."라고…

# no.06

# 조대수

❏ 소개
1. 화법연구소 대표
2. 백년멘토(주) 대표
3. 화신사이버대학 특임교수(심리학)
4. 금융사, 관공서, 기업, 대학교 등 3,000회 이상 강의 코칭
5. 전자책, 종이책 포함 10권 이상 출판
6. 밴드 "조대수의 공감, 소통 멘탈케어" 5천 명 이상
7. 닉네임: 대수굿!

❏ 연락처
1. 네이버 검색: 조대수(010-5232-7849)
2. 유튜브 검색: "대수굿TV" 금융, 세일즈 유튜버

# 마이크 접신
# 10년 차 감사의 삶

　월세 5만 원짜리 자취방, 25세 복학생인 나는 고등학교 2학년 막냇동생과 새벽 4시에 일어나 우유배달을 했다. 내가 맡은 지역은 인천 제물포 인근 수봉공원이었다. 어둠을 뚫고 달동네 골목을 뛰어다니다 멈추는 순간이 있다. 여명의 순간이다. 해 뜨기 직전 공원 가장 높은 곳으로 오토바이를 몰고 올라가 불타듯 뜨겁게 떠오르는 해를 하염없이 바라보았다. 붉은 해가 시내를 비추며 나타나는 수많은 아파트를 보며 "나도 언젠간 저런 집에 살 수 있겠지?" 그렇게 꿈을 키우며 청년 대수는 다시 용기 내 달렸다.

　그 후에도 제약, 보험 등 무언가를 팔아야만 했던 지나온 내 삶을 돌아보면, 어려움과 도전의 연속이었다. 하지만 그 시간 속에서 많은 것을 배웠고, 지금의 내가 되는데 중요한 밑거름이 되었다. 그런 경험들이 있었기에 지금 내가 있다. 그 시절 숱한 좌절 속에서도 꿈을 잃지 않았던 나 자신에게 격려와 고마움을 전한다. 한국보험신문에서 2년간 기고한 글 중 "모든 경험은 나를 성장시키는 밑거름"이라는 문구를 떠올리며, 내 삶에 있었던 모든 일들이 지금의 나를 만들어 주었다는 것을 새삼 깨달았다.

20년간 다닌 대기업 직장을 마치고 강사로서 10년이라는 시간을 걸어왔다. 이 과정에서 전국을 여행하듯 만난 수많은 사람과 소통하며 성장하고, 배움을 나누는 기쁨을 경험했다. 나의 유튜브 [대수굿TV]에서 강조하던 **"쉽고 재밌어야 한다. 그리고 실전과 진심이 담긴 교육만이 사람의 마음을 움직인다."**라는 철학을 내 삶의 중심에 두고, 매 순간 최선을 다했다. 그로 인해 더욱 성장한 지금의 나를 자랑스럽게 여기며, 나 자신에게 정말 잘했다고 스스로 격려해 본다.

마이크를 잡으면 그분이 내려온다. 접신의 시간이다. 그 순간 무아지경이 펼쳐진다. 감성접신 시간에 만난 수많은 사람에게 감사의 마음을 전하고 싶다. 가족, 친구, 동료, 그리고 3천 회가 넘은 내 강의를 들어준 모든 분이 나를 지지하고 응원해 주었다. 그들의 믿음과 격려가 없었다면, 지금의 나는 없었을 것이다. 특히, 강의 현장에서 만난 분들로부터 받은 따뜻한 피드백과 진심 어린 조언들은 내게 큰 힘이 되었다. 지난주 만난 팀장님의 "전문 강사 같지 않아서 좋았어요" 했던 말씀이 너무나도 감사했다. 이보다 더 좋은 칭찬이 있을까? "나도 하고 싶은 용기가 생겼어요"라는 다음 말씀은 누구의 칭찬보다도 보람을 느끼게 했다.

앞으로도 여전히 많은 도전과 성장이 있을 것이다. 그러나 이 모든 과정이 나를 더 설레게 하고 더 나은 사람으로 만들어 줄 것이라 믿는다. 스스로에게 자주 하는 확신 "**자신을 믿고 꾸준히 나아가라**"라는 메시지를 기억하며, 앞으로도 감사하는 마음으로 하루하루를 살아갈 것이다. '어떻게 하면 교육생들과 잘 소통하고, 깨닫게 해 줄 수 있을까?' 이런 생각으로 공부하고 연구하는 나는 하고 싶은 것이 많아 늙을 시간도 없다. 그저 모험과 도전을 즐기고, 새로운 목표와 꿈을 향해 나아가는 내 모습이 대견하다.

과거와 현재, 그리고 미래를 아우르며 감사의 마음을 담은 이 글을 통해, 나 자신을 되돌아보고 앞으로 나아갈 힘을 새롭게 얻는다. 매일 감사의 마음을 잊지 않고, 나를 응원하는 사람들을 위해 최선을 다할 것이다. 그리고 이제부터는 위만 보고 살지 않기로 했다. 그래서 좌우명을 바꿨다. **"되면 좋고, 안되면 더 좋고"** 이렇게 생각하고 나니 실패도 성공도 모두 좋은 것이 되었다. 실패는 성공하는 중인 것이고, 안되면 다른 길을 열리기 때문에 더 좋을 수도 있는 것이다.

나에게 좋은 인상과 목소리, 끼를 물려주신 어머님께 감사드린다. 아울러 때론 어설프고 잘 못해도 격려하고 지지해 준 가족들과 팬들에게 감사드린다. 아침에 눈 뜨면 감사한 마음으로 시작하자. 행복의 시작이다. 감사함을 모르는 사람의 인생은 행복이 작다. 세상은 감사함을 아는 사람들과 어울리기에도 시간이 부족하다. 나는 오늘도 내일도 감사함이 가득한 일기를 쓰며, 현재가 선물임을 깨닫고 매 순간 행복하게 살 것이다. 세상은 보물로 가득 차 있다.

no.07

# 최현주

❏ 소개
1. 프리타라인 대표
2. 부산지역사회교육협의회 책임강사
3. 에니어그램 전문 강사,
4. 관계소통 교육 전문 강사
5. 내 삶의 산전수전, 내 삶을 바꾼 책,
   질풍노도와 소통하기, 안녕? 엄빠야 년 누구니? 출간
6. 온라인 오프라인 2000회 이상 강의 코칭

❏ 연락처
1. 블로그 : ds5chg23, tofhdna1215
2. 인스타 : preeta.choe2
3. 네이버 검색 :  최현주

# 언제나 내 편!
# 나에게 감사

나는 일상생활 속에서 매 순간 감사함을 느끼며 살아가고 있다. 내가 숨 쉬고 있다는 것부터 지금 현존하는 모든 순간이 얼마나 소중한지 다시금 깨닫게 된다. 이렇게 글을 쓸 수 있는 것 또한 큰 감사의 이유다.

그동안 열심히 앞만 보고 달리다 보니, 이제야 한숨을 돌리고 모든 것에 감사하게 되었다. 내 주변에는 나에게 힘이 되어준 동료들이 있다. 내가 지치고 힘들 때마다 "잘하고 있어", "너니까 이렇게 해낼 수 있는 거야", "누구보다 열심히 살아왔잖아", "너 자신을 칭찬하고 보듬어줘" 등의 말로 응원을 해준 동료들 덕분에 지금까지 힘을 내어 살아올 수 있었다.

4년 전, 내 인생에 큰 변화와 도전이 찾아왔다. 바로 홀로서기였다. 누구에게도 의논하지 않고 독불장군처럼 혼자서 결정을 내렸고, 가족들에게는 통보식으로 이야기했다. 그럼에도 내 아들과 딸은 나의 선택을 존중해 주고 힘이 되어주었다.

그들이 겪어야 할 고통과 혼란이 적지 않았을 텐데, 그들 덕분에 다시 일어설 수 있었다. 각자의 위치에서 잘 해내고 있는 내 아들과 딸에게 깊은 감사의 마음을 전하고 싶다.

또 한 분, 내 어머니에게도 감사하다. 내가 내린 결정에 충격을 받으셨음에도 불구하고, 언제나 묵묵히 나를 지지해 주시고 도와주고 계신다. 어머니는 당신이 힘든 것도 모르고 내가 활동할 수 있도록 아이들을 챙겨주시며 응원해 주고 계신다. 그런 어머니의 사랑과 지지를 깊이 느끼고 있다.

 20대가 되면서 쉬지도 않고 사회생활을 해왔지만, 여느 사람들처럼 아르바이트를 이것저것 해보지는 않았다. 그저 직장생활을 열심히 해왔을 뿐이다. 그런 내가 살아가기 위해 처음 도전한 새로운 일은 야간 쿠팡 물류센터였다. 첫날, 이유도 모른 채 눈물이 쏟아졌다. 하루이틀 일을 하면서 열심히 살아가는 사람들이 많다는 사실에 놀랐고, 나 역시 이들 속에서 함께 할 수 있음에 감사했다.

 이렇게 한 걸음씩 나아가고 있을 즈음, 온라인에서 알게 된 동생 안수현 대표와 인연이 되었다. 그 동생은 나의 소식을 듣고 걱정하지 말라고 하며 도와줄 수 있는 건 다 도와주겠다고 했다. 이런 그의 마음에 너무도 감사하다. 그가 잘 이끌어 주었음에도 내 역량이 부족해서 잘 해내지 못했지만, 항상 고마운 마음을 갖고 있다. 아직 끈을 놓지 않고 있으므로 꼭 해내리라 다짐하며 조금씩 움직이고 있다.

 모두가 이 시기에 고비가 오는 것일까, 아니면 사회적인 분위기 탓일까? 힘든 와중에 더 힘들어지고 조여오는 생활 속에서 내 자존감은 바닥을 치고 넉다운이 되곤 했다. 극단적인 생각도 해보고 해서는 안 되는 생각도 들었지만, 어머니와 아이들을 생각하며 마음을 접곤 했다. 주변의 지지와 도움에도 불구하고 멘탈이 무너지는 것은 참 견디기 힘든 일이다.

그런데, 사람이 살아가려고 하니 뜻밖의 곳에서 희망의 빛이 보인다고 해야 할까? 나의 힘듦을 말하지 않았음에도 나의 손을 잡아준 또 한 사람이 있다. 바로 양 선 대표이다. 강의하면서 늘 씩씩하게 열정적으로 교육에 임하고 소통하다 보니, 양 선 대표와 인연이 되었다. 그녀가 나의 잠재 능력을 알아보고 이끌어주어서 멈춘 글을 다시 쓸 수 있었다.

요즘 나는 "아무것도 하지 않으면 아무 일도 일어나지 않는다. 끝날 때까지 끝난 게 아니다"라는 말을 생각하고 또 생각하며 살아가고 있다. 매 순간 내가 무언가를 했기 때문에 지금의 내가 있다는 것을 잊지 않으려 한다. 나 혼자만의 노력으로 이 자리에 올 수 없었음을, 나를 지지해 주는 사람들에게 깊이 감사한다. 지금의 나로 살아갈 수 있음에 감사하고, 이렇게 성장할 수 있도록 지지해 주는 내 편의 사람들에게 감사함을 전한다.

그리고 또한, 타인의 잠재 능력을 꺼낼 수 있도록 선한 영향력 있는 사람으로 살아갈 수 있음에 감사한다. 앞으로도 감사의 마음을 잊지 않고, 매 순간을 소중히 여기며 긍정적인 마음으로 살아가고 싶다. 모든 경험이 나를 성장시키고, 주변의 소중한 사람들과 함께 할 수 있는 이 삶이 얼마나 감사한지 느끼며, 나는 계속해서 나아갈 것이다.

## no.08

# 이형은

❏ 소개

1. 강남대 도서관학과 졸업
2. 한국열린사이버대 뷰티건강디자인학과 졸업
3. 사서 자격증, 북큐레이터, 독서 지도사
4. 책쓰기 지도사, 출판 작가 마스터
5. 미용사 면허증, 운동 처방사

❏ 연락처

1. 블로그: https://blog.naver.com/lhe1239
2. 이메일: lhe1239@naver.com

# 감사 쓰기의
# 한 줄 명언

"인생에서 가장 감동적인 순간은 말없이 찾아오지 않던가?"
-마르셀 마르소-

위대한 곡 '메시아'는 어떻게 탄생하게 되었을까? 헨델은 세속적 음악에 자신의 천재적 재능을 쏟아부었고 귀족들과 왕실의 칭찬을 받으며 명성과 부를 쌓았다. 그는 거만하기가 이를 데 없고 방탕한 삶을 살고 있었다. 그러나 세월과 함께 그는 그토록 귀중하게 생각했던 것들이 허망하게 사라지는 것을 경험하게 되었다. 명성도 부도 심지어 건강도 잃게 되었다.

하늘을 찌르던 명성을 누렸지만, 이제는 끼니를 걱정하는 처지에 몰리게 되었다. 헤어날 길 없는 절망에 헤매던 그는 그동안 찾지 않던 하나님을 부르며 한탄을 쏟아 냈다.
"하나님! 어찌하여 저에게 부귀영화의 은혜를 주셨다가 지금은 사람들에게 버림받는 고통을 주십니까? 어찌하여 저에게 창작활동을 계속할 기회를 주지 않으십니까? 하나님! 하나님! 어찌하여 저를 버리시나이까?"

그러던 어느 날, 소포 하나가 도착했는데 제넨스가 보낸 것이다. 하나님의 영감을 받아서 쓴 가사인데 곡을 붙여달라는 것이었다. 헨델은 "삼류 시인 주제에 제까짓 게 무슨 하늘의 영감?"이라며 비웃었다. 그러다가 한 구절이 눈에 띄었다.

"그는 사람에게 멸시를 당하였고 버림을 받았으며 자기를 긍휼히 여길 자를 찾았지만 위로해 줄 자가 없었다."

예수 그리스도에 관한 성경의 내용이었다."

"그는 멸시를 받아서 사람들에게 버림받았으며 간고를 많이 겪었으며 질고를 아는 자라 마치 사람들이 그에게서 얼굴을 가리는 것 같이 멸시를 당하였고 우리도 그를 귀히 여기지도 아니 하였도다."(사53;3)

헨델은 큰 충격을 받았다. '아! 주님께서도 이런 처지에 계셨다니.' 마치 자신의 처지를 그대로 기록해 놓은 것 같았다. 헨델은 계속 읽어 내려갔다.

"그는 하나님을 믿었도다. 하나님은 그를 음부에 내버려두지 아니하셨도다. 그가 너에게 안식을 주시리라."

그 순간 헨델의 귀에 천국의 음악이 들려오는 것 같았다.

감동이 물밀 듯이 그의 마음을 휘감기 시작했다. 그는 미친 사람처럼 식음을 거의 전폐하며 몰두하여 곡을 써 내려갔다. 단 24일 만에 불멸의 '메시아'가 탄생했다. '메시아'는 예수 그리스도의 탄생부터 승천까지를 노래한 것이다.

헨델은 '메시아'를 완성한 후 "하나님께서 나를 찾아오셨다."라고 회상했다. 헨델은 다시 태어났으며 메시아를 연주하는데 한 푼도 요구하지 않았고 수입은 자선 기관에 보냈다.

헨델은 "메시아는 나를 가장 깊은 절망의 구렁텅이에서 건져낸 기적이었다. 이제 이것은 온 세상의 희망이 되어야 한다고 했다. (최상재 목사)

"눈물이 없는 자의 영혼에는 무지개가 뜨지 않는다."
-인디언들의 경구-

"감사하는 마음은 심지어 비극 속에서도 기쁨을 발견한다."
-헬런 켈러-

나는 귀농 실패로 인하여 재정적인 어려움을 크게 겪었다. 경험도, 지식도 없이 도전한 결과가 참담했다, 그 와중에 이순신 장군의 난중일기가 생각이 났다. 그 난관에서도 초지일관 사명감을 가지시고 난중일기를 쓰시는 모습을 상상해 보면서 나도 감사 일기를 쓰기 시작했고 작가의 길을 걷기로 결심했다.

쓰기의 궁극적인 목적에 앞서 글에 도를 실어야 한다는 것과 **문이재도(文以載道)**는 글이 단순히 아름다움이나 기술을 위한 것이 아니라, 더 큰 의미와 가치를 담아야 한다는 한유(韓愈)의 명언과 철학에 감사했다.

**문이재도(文以載道)를!!**

no.09

# 윤민영

❏ 소개
1. 자담인영힐링 대표
2. 전자책 크몽 입점
3. 브런치 작가
4. 온라인 오프라인 건강강의 코칭
5. 영어교사
6. 자담인영힐링 쇼핑몰 운영
7. 공저 '내 삶을 바꾼 책' '내 삶의 산전수전' '내 삶의 귀인' 베스트셀러 작가

❏ 연락처
1. 블로그: https://blog.naver.com/eiept211
2. 쇼핑몰: https://jd100923.jadamin.kr
3. 유튜브: 건강백세프로젝트 영힐링

# 꾸준한 감사로
# 모든 것을 이루다

　매일 아침 눈을 뜨며 시작하는 첫 번째 습관이 있다. 바로 '아! 잘 잤다'를 외치고 일어나 뜨거운 소금 넣은 해죽순차 마시며 감사일지를 쓰는 것이다. 7년이라는 시간 동안 거르지 않고 이어온 이 작은 습관이 내 삶을 완전히 바꾸어 놓았다. 건강 회복, 가족과의 관계 개선, 사회적 성취까지. 모든 것이 감사로부터 시작되었다. 단순한 감사의 기록이 아닌, 꾸준한 감사로 나는 모든 것을 이뤘다. 처음 감사일지를 시작하게 된 것은 우연이 아닌 필연이었다. 당시 나는 건강이 좋지 않았고, 삶의 의미를 찾지 못해 방황하고 있었다.

　그러던 중 조혜숙 본부장님으로부터 시스템 중 하나인 감사의 힘에 대해 듣게 되었고, 지푸라기 잡는 심정으로 실천에 옮겼다. 처음에는 형식적이었던 것이 점차 진정성 있는 감사로 발전해 갔다. 첫 한 달은 정말 어려웠다. 매일 감사할 거리를 찾는 것이 쉽지 않았고, 때로는 의미 없는 반복처럼 느껴지기도 했다. 하지만 석 달이 지나자 놀라운 변화가 찾아왔다.

　일상의 작은 것들이 새롭게 보이기 시작했고, 이전에는 당연하게 여겼던 것들의 소중함을 깨닫게 되었다. 매일 아침 감사의 마음으로 하루를 시작하면서, 신기하게도 건강이 조금씩 나아지기 시작했다. 감사하는 마음이 긍정적인 에너지 만들어내고, 그것이 내 몸의 자연치유력을 높였다고 믿고 있다. 특히 아침에 일어나 코로 첫 숨을 들이쉬며 '살아있음'에 감사하는 순간부터, 내 몸과 마음이 달라지기 시작했다. 스트레스도 줄어들었고, 수면의 질도 좋아졌다. 담당 의사 선생님도 고혈당으로 시달리던 내가 3개월도 안 되어 당뇨 수치가 정상화되니 놀라면서도 약은 잘 먹어야 한다고 말했다.

남편과 세 딸은 각자의 방식으로 각자가 할 일을 똑 부러지게 하며 사회에 공헌하며 살아가고 있다. 이 또한 감사함은 이루 말할 수 없다. 남편은 내가 하는 모든 일을 지지해 주는 내 인생의 가장 큰 후원자가 되어주었다. 특히 내가 아팠을 때 한 번도 불평 없이 곁을 지켜주어서 큰 감사를 느꼈고 함께 나누는 감사의 시간은 우리 가정을 더욱 단단하게 만들어주었다.

일을 하며 많은 분이 나를 따라주고 신뢰해 주는 것 또한 꾸준히 실천해 온 감사의 힘이라고 생각한다. 감사하는 마음은 다른 사람들에게도 전달되어, 긍정적인 영향력의 선순환을 만들어 내고 있다. 매일 감사일지 대문을 열어주면 감사를 나누고, 이를 통해 많은 분이 삶의 변화를 경험하고 있다. 작은 실천이 이렇게 큰 움직임이 될 수 있다는 게 놀랍고 감사할 따름이다.

감사가 가져다준 변화 중 가장 먼저 온 것은 긍정적인 시각을 갖게 된 것이다. 우울했던 마음이 밝아졌고, 불안하던 마음이 평온해졌다. 자연스럽게 육체적 변화도 놀랍게 따라왔다. 몸이 가벼워졌고, 면역력이 높아져 당뇨 수치가 정상화되었고 18kg이나 감량 7년째 유지하게 되었다. 긍정적인 마음가짐이 실제로 신체 건강에 영향을 미치는 것이 분명했다.

관계적 변화는 더욱 특별했다. 주변 사람들의 작은 친절에도 진심으로 감사하게 되니, 관계가 더욱 깊어지고 풍성해졌다. 어려움 속의 감사, 삶이 힘들 때도 감사할 것은 항상 있다. 오히려 어려운 상황에서 더욱 간절하게 느끼는 감사함이 있다. 진정한 감사는 모든 것이 완벽할 때가 아니라, 부족하고 어려울 때 더욱 빛난다는 것을….

개인의 감사는 가정으로, 가정의 감사는 사회로 확장된다. 한 사람의 작은 감사가 세상을 변화시킬 수 있다는 것을, 경험을 통해 깨달았다. 작은 실천이 누군가의 인생을 변화시킬 수 있다는 것이 정말 감사할 뿐이다.

최근 연구들에 따르면, 감사는 실제로 우리 뇌의 구조를 변화시킨다고 한다. 감사하는 마음을 가질 때 행복 호르몬이라 불리는 세로토닌과 도파민의 분비가 증가하고, 스트레스 호르몬인 코르티솔의 분비는 감소하고 또한 감사는 면역력 강화, 수면의 질 향상, 심장 건강 증진 등 다양한 신체적 이점도 가져다준다고 한다. 내가 경험한 건강의 회복이 과학적으로도 설명이 되는 것이다.

7년간의 감사일지는 단순한 습관이 아닌, 내 삶의 나침반이고 이 책을 읽는 모든 분도 감사의 힘을 경험하길 바란다. 감사는 우리의 삶을 풍요롭게 만드는 마법의 열쇠이다. 나는 꾸준하게 감사일지를 썼기에 모든 것을 다 이뤄냈다. 오늘도 누군가에게 작은 희망이 될 수 있다는 것에 감사하며, 앞으로도 계속해서 감사의 여정을 이어 나가도록 해야겠다.

no.10

# 심푸른

❑ 소개
1. 전남대학교 석, 박사학위 취득
2. 대한웰다잉협회 전문 강사
3. 대한웰다잉협회 광주 남구 지회장
4. 노인 사별 배우자 전문상담사
5. 노인통합교육지도사
6. 노인심리상담사
7. 닉네임: 푸른샘

❑ 연락처
1. 메일: oncoach@naver.com
2. 블로그: https://blog.naver.com/simbluebook

# 내 삶을 뒤흔든
# 도전에 감사

나는 마침내 주경야독을 해냈다. 두 번의 논문을 인준하면서 논문 속지에 감사의 글을 싣지 않았다. 글로 이루 다 말할 수 없는 벅찬 감정이 복받쳤기 때문이리라. 이 글을 쓰면서 비로소 두 논문에 화룡점정을 찍은 듯하다.

 **2021년, 첫 번째 논문의 길에 감사**

무엇보다 논문의 길로 인도하신 에벤에셀 하나님의 축복과 은혜를 깊이 기억하며 감사드린다. 또한 좋은 사람들이 곁에 있었다. 그들은 힘과 능력의 과시가 아니라 묵묵히 지켜주며 격려를 아끼지 않았다. 인쇄본을 만들어 주고 연구 참여자로 동행해 주었다. 가족들은 물심양면으로 도와주고 하소연을 들어주고 흑염소 보약으로 거들어 주었다.

게다가 청소년기 자녀들은 진도를 점검해 주거나 영어 실력을 발휘해 주고 음식까지 해주었다. 목사님 중에서는 난관을 헤쳐 나가도록 말씀으로 격려해 준 영적 에너지원이 되어주셨다. 여러 모양으로 도와준 이들이 나에게 남겨진 논문 자원들이다. 2년 반의 공부에 이은 1년여의 세월을 논문에 투자할 때 까칠해진 나의 뒷바라지를 도와준 사람들에게 감사하다. 그들이 베풀어 준 넓은 마음과 가족애, 사랑으로 함께해 준 모든 이들과 탈고의 기쁨을 나누고 싶다.

☑ **2024년, 두 번째 논문의 길에 감사**

　모든 순간이 마치 이 순간을 위해서 존재한 것처럼 느껴졌다. 아이를 잉태하기를 기다리는 산모처럼 논문의 탄생을 기다리며 품고 또 품어왔다. 가장 비싼 자원인 '시간'과의 싸움과 정신적 탈진 상태를 반복하면서 말이다. 학위가 뭐라고. 소심한 일탈일까. 과감한 도전장이었을까. "꿈은 늙지 않고 무르익는 것"이라는 말이 나에게 해당했다. 이로써 험난한 심사과정을 통과하고 내가 박사라니, 학위 취득 전부터 가족은 나를 박사라고 불러주었다. '심박사'

　지금 생각해 보면 내가 지내온 날들은 모두 학위를 구심점에 두고 흩어진 점들이었다. 학위와 무관한 것이라곤 아무것도 없었다. 직간접적으로 나를 둘러싼 환경이 거의 나를 도왔고 그 손길이 없었다면 더디 왔을 것이다. 노모님이 잠깐 와달라는 부탁도 애써 거절할 수밖에 없었고 가까운 분이 소천했을 때도 나는 논문을 떠날 수가 없었다. 가족 모임을 등한시하고 주변에서 서운해할 정도로 논문에 매달렸다. 나는 늘 부족하니 더 노력해야 한다는 생각으로 더 많은 시간이 필요했다.

　낮에 일하고 밤에 공부한 7년여 간의 주경야독의 시간. 불 꺼진 사무실, 텅 빈 공간 한편에서 조그맣게 새어 나온 불빛이 하늘의 별과 달에 닿아서 나를 비춰주었다. 가방을 들고나오면서 하늘을 바라볼 때 지친 흐뭇함은 나를 살아있게 만들었다. 나를 둘러싼 환경과 사람들이 나를 이끈 원동력이다.

논문의 힘은 내 삶을 뒤흔들 정도의 힘이 되고도 남았다. 논문을 위해서 사는 것처럼 나는 살아왔다. 만학이 문제가 아니라 지금까지 내 삶의 과정마다 나와 함께 숨 쉬던 논문이어서 나는 푸른 형의 꿈이 논문의 꿈이라고 하고 싶다. 논문의 시간이 흐를수록 외로운 행복도 누리게 되었다. 마치 블랙홀처럼 생활의 모든 것을 빨아들이는 논문 작업이었다. 고민, 그리움, 걱정, 건강, 친구, 관계, 사랑하는 가족, 그리고 삶의 중심인 신앙까지도 말이다.

결국 논문은 나를 도운 손길과 함께 만든 가장 값진 합작품이다.

## ☑ 2025년, 세 번째 도약의 길에 감사

나는 아직도 길 위에 서 있다. 나의 꿈을 펼치기 위해서 다시 시작이라고 생각하기 때문이다. 이제 마침표와 쉼표가 아니라 물음표와 느낌표에서 시작하기 위해서다. 그래서 나를 캐기 위해서 더 찾고 두드릴 것이다. 논문의 길을 열고 거대한 세상 밖으로 뚜벅뚜벅 걸어 나갈 것이다. 마치 엄마 품에서 벗어나 바깥세상으로 나가는 어린아이처럼 말이다.

나는 끝없는 도전으로 무르익으면서 도약하는 꿈틀거리는 꿈에 감사하다. 이 글을 작성하면서 논문에 마지막 터치를 더하는 감사를 느낀다. 신진박사인 나는 내 삶을 뒤흔들고 태어난 논문에 감사하며 다시 세상의 길로 나갈 준비를 하고 있다. 앞으로 어떻게 삶을 설계하느냐고 묻는다면 내 삶을 뒤흔들고 태어난 논문을 쓰던 시간을 기억하는 자체에 감사하며 도전으로 도약하겠다고 말할 것이다.

# 내 삶의 감사일기

## 2장. 웃어요, 찰칵!

| | |
|---|---|
| **11. 황경남**<br>웃어요, 찰칵! | **12. 김경화**<br>책 쓰고 덤으로 사는 삶이 감사할 뿐이다 |
| **13. 강화자**<br>나의 일상 속에 스며든 감사일기 | **14. 양 선**<br>좋은 언어의 마법 |
| **15. 한준기**<br>삶에 도움 주심에 감사함 | **16. 김송례**<br>모든 순간에 감사와 행복을 |
| **17. 장예진**<br>죽음의 고통을 담은 감사 그릇 | **18. 김미옥**<br>범사에 감사합니다 |
| **19. 김종호**<br>존재하는 모든 것에 감사 | **20. 조성연**<br>일(직업)이 주는 감사 |

no.11

# 황경남

❏ 소개
1. 꿈 이루는 책방 글숲 대표
2. 한국자서전협회 강화지부장
3. 전자책 공동저서. 자서전 출판
4. 그림책, 동화작가 심리지도사
5. 전자책, 종이책 포함 8권 출판
6. 닉네임: 꿈 이룬작가

아픔과 고통, 힘겨운 시련 속에서 핀 한 송이 꽃처럼 웃음을 찾아준 글쓰기로 치유와 힐링하며 공저로〈그림책으로 내 삶을 에세이 하다 2.〉〈내 삶의 기록 자서전 쓰기〉〈삶은 여행처럼〉〈내 삶을 바꾼 책(베스트셀러)〉 등을 출간한 작가로서의 삶을 살고 있다.

❏ 연락처
1. 블로그: https://blog.naver.com/MyBlog.naver
2. 유튜브 검색: 좋은글 좋은소리

# 웃어요, 찰칵!

　1993년 가을(웨딩사진 찍던 날이다). "웃어요, 찰칵! 하 ~ 좀 환하게 웃어 봐요? 신랑은 표정이 좋은데 신부 표정이 영...." 사진사가 투덜댔다. 사진 찍는 걸 싫어하진 않은데 표정이 어둡다는 소리를 종종 들었었다. 많은 세월이 흐르고 혼자 있는 시간이 점점 늘어갔다. 그러던 어느 날 사진을 정리하며 나의 표정을 보니 입은 웃는데 눈이 슬퍼 보였다. 축대에서 굴러 머리가 찢어지고, 날치기한테 얻어맞고, 운동하다 2미터 높이에서 떨어져 물에 처박히고, 에스라인 찻길에서 졸음운전으로 중앙선 넘기를 두 번이나 경험했다. 이런 힘듦과 어려움을 내 속에 깊이 묻어둔 채 살아왔다.

　내 나이 39살에 엄마를 떠나보내고 1년을 울며 지냈다. 엄마 나이 고작 60살이었다. 자신을 돌볼 수 없는 환경에서도 자식을 위해 간식을 만들고, 온 가족이 함께 동물원에 갔던 때가 생각나서 또 울었다. 그런 나를 보며 내 아이가 울고 있는 모습이 눈에 들어왔다. 우느라 아이가 집에 들어온 줄도 몰랐었다.

　50이 넘은 어느 날 친구와 지인과 이런저런 이야기를 나누던 중 나의 이야기를 듣고는 멍하니 바라보다가 대뜸 "어떻게 살았니? 너는 살아있는 그 자체가 기적이야"라며 울먹이던 친구의 얼굴이 떠오른다. 그런 내게 우연히 찾아온 그림책을 접하면서 변화가 일어나기 시작했다. 그림책 에세이 공저를 쓰면서 우연히 작가의 길로 들어섰다. 내 길을 찾은 걸까? 비록 공저 작가지만 지금은 눈도 입도 마음도 웃고 있는 내 모습을 시로 표현해 본다.

*진짜 웃음*    - *황경남* -
*웃어요. 찰칵! 입이 웃는다*
*웃어요. 찰칵! 눈도 웃는다.*
*웃어요. 찰칵! 마음도 웃는다*
*입도 눈도 마음도 웃어야 진짜 웃음이지.*
*나의 눈웃음. 웃고 있는 거울 속의 나에게 미소로 화답한다.*

글을 쓰면서 내 안의 나를 만나 '꿈을 이루는 글 숲'을 만들고 있는 내가 좋다. 나를 알게 되면서 변해가는 모습이 나도 마음에 든다. 사람들을 만나면 인상이 좋다는 소리도 듣는다. 그리고 나를 태어나게 해준 부모님과 늘 지켜주시고 보호해 주신 하나님께도 감사드립니다. 또 나에게 왔던 고난과 역경의 줄다리기를 이겨 준 내게도 감사의 마음을 전한다.

* 사랑하는 이와 아름다운 세상을 볼 수 있음을 감사합니다.
* 자연의 소리를 들을 수 있음을 감사합니다.
* 인생의 귀함과 소중함을 깨닫게 해주셔서 감사합니다.
* 좋은 사람들을 만나 행복합니다. 감사합니다.

* 엄마. 아빠의 딸로 태어나게 해주셔서 감사합니다.
* 우리 가족 모두 건강하게 해주셔서 감사합니다.
* 있는 그대로의 나를 사랑하게 해주셔서 감사합니다.
* 일할 힘과 삶의 지혜를 주셔서 감사합니다.
* 내 마음에 여유와 평안을 느끼며 살게 되어 감사합니다.
* 죽을 수밖에 없던 환경 가운데서 살려주심을 감사합니다.
* 시련과 역경을 이겨내고 웃으며 살 수 있음을 감사합니다.
* 건강한 치아로 맛난 음식을 먹을 수 있음을 감사합니다.
* 글을 쓰면서 나의 내면을 깊이 있게 들여다보고 나를 알게 되었음을 감사합니다.
* 60의 나이에 꿈을 이루어 갈 수 있게 해주심을 감사합니다.

지금까지 살아온 날들을 돌아보며, 혼자가 아님을 깨닫게 해주신 하나님께 진정 감사드립니다. 늘 함께 해주심으로써 얻은 깨달음과 받은 것이 많았음을 알게 되어 더 늦기 전에 감사한 일들을 기록하여 남깁니다.

이 글을 읽는 이들의 마음에도 감사함이 가득 찼으면 좋겠습니다. 하여 아랫글을 소개합니다.

〈 웃으면 생기는 일 5가지 〉
1. 스트레스 감소
2. 면역력 증진
3. 대인관계 개선
4. 창의성 증대
5. 삶의 질 개선

no.12

# 김경화

❑ 소개
1. 책쓰는 요양보호사
2. 저서: 새벽독서의 힘
   나의 삶을 바꾸는 필사독서법
   필사파워, 내 삶을 바꾼 책 외 6권

❑ 연락처
1. 블로그: https://blog.naver.com/jjh080603
2. 네이버 검색: 김경화

# 책 쓰고 덤으로 사는 삶이
# 감사할 뿐이다

사람이 살면서 무언가를 아등바등 쫓으면서 살 때는 마음의 여유가 없다. 그러다가 정작 그 쫓던 것을 내려놓으면 멘탈이 붕괴되는 느낌을 받는다. 그때는 세상이 다 무너졌고 나는 아무런 희망이 없었다. 동틀 녘 전 새벽, 캄캄하고 삶을 견뎌낼 희망 없이 보였던 나에게 세상은 책 쓰기라는 선물을 주었다. 숨 쉬고 살기 위해 필사를 했고 인생 첫 책 쓰기에 도전했다. 이 세상에 존재하면서 아무 필요 없다고 생각했던 나에게도 '죽기 전에 내 이름이 박힌 책 한 권 출간하고 싶다'라는 아주 막연하고 희미한 꿈이 있었다.

그 희미한 꿈에 날개를 달아준 것은 인생 첫 책 《새벽독서의 힘》의 출간이었다. 솔직히 말해서 그때는 어떻게 개인 저서를 썼는지도 잘 몰랐다. 그저 '책 쓰면 삶이 바뀐다'라는 말에 꽂혀 썼던 《새벽독서의 힘》이다. 무조건 책 쓰고 삶이 바뀌고 싶었다. 그런데 실제 책 출간 후 내 삶은 바뀌었다.

책 쓰기가 어떻게 내 삶을 바꾸었는지 공유하고 싶다.

*첫째, 책 쓰는 삶을 통해 나는 자존감을 찾게 됐다.*
내가 말하는 자존감은 (自存, 自尊, 慈尊)이다. 나는 나 자신

의 존재를 부정에서 인정으로 끌어냈고 세상을 보는 관점을 죽음에서 삶으로 바꾸었다. 그리고 내가 존재하고 나를 존중하고 더불어 타인의 존재를 인정하게 된 것이다.

**둘째, 책 쓰는 삶은 나에게 꿈을 주었고 그 꿈을 즐기며 살도록 했다.**

내가 나를 비하하고 낮추던 삶에서 나를 사랑하고 스스로 세워주는 책 쓰기는 삶을 덤으로 살아갈 수 있는 감사하는 마음을 주었다. 죽기 전에 책 1권 출간하고 싶었던 막연하기만 하던 꿈이, 벌써 몇 권의 책에 내 이름을 적으며 현실로 만들어지는 기적이 이루어졌다. 내가 이 세상에 존재하는 것이 기적임을 알았고 꿈이 없던 삶이 꿈을 가지는 삶으로 바뀌어 삶 전체의 색깔이 회색에서 다양한 빛깔로 바뀌었다. 꿈 너머 꿈을 꾸고, 실천하고 이루는 삶 안에 살아 숨을 쉬는 나의 존재가 감사할 뿐이다.

**셋째, 책 쓰는 삶은 나를 성장시켜 준다.**

책을 쓰면서 내 삶을 기록하고 출간된 많은 책을 자녀들한테 유산으로 남기면서 죽기 전에 '삶을 잘 살았노라'라고 꿈을 꿀 수 있음에 감사하다. 매 순간을 소중히 여기고 삶이라는 점 하나를 그어가면서 지금 과거를 교정함으로 더 나은 미래를 바라고 있다.

이 세상에 왔다가 아무것도 남기지 못하고 임종 자리까지 가게 되면 세상이 참 허무할 것 같다. 멋진 추억도 사라지게 될 것이고 사랑도 미움도 다 사라질 것 같다. 특히 요양원에 요양보호사로 일을 하면서 어르신들의 임종을 늘 생각한다. 길다면 길고 짧다면 짧은 인생을 멋지게 살고 싶지만, 그 순간 아무것도 없다면 정말 후회하는 인생이 될 것 같았다. 책 쓰는 나의 삶은 어르신들한테 오늘이 마지막이라는 생각으로 지금에 최선을 다하고 오늘을 성공한 사람처럼 살도록 이끌어 간다. 멋진 지금, 멋진 오늘이 멋진 나의 미래를 만들어 감에 감사하다.

 책 쓰는 삶은 여러 가지로 나의 삶을 감사함으로 이끌어 간다. 날마다 숨을 쉬는 자신에 감사하고, 책 쓰는 아내를 응원하는 남편과 자녀들의 응원에 감사하며, 책을 씀으로 나의 자존감을 스스로 높여주는 삶이 감사할 뿐이다. 사람들은 요양보호사가 무슨 책을 쓰냐고 하지만 나는 책 쓰면서 나의 에너지를 긍정으로 채워가고 내 삶 또한 부정에서 긍정적인 생각으로 살아가도록 이끌어 간다.
 삶에 많은 기대가 되고, 삶의 패배자 위치에서 당당하게 극복하고 세상에 맞서 살아가는 내 모습도 감사하다. 책을 썼기에 삶의 변화는 확실하게 나에게 좋은 방면으로 이끌어 간다. 누가 뭐라 해도 삶을 나의 행보에 맞춰서 내가 주인이 되고 주체가 된 삶을 살아가는 하루하루가 즐겁고 감사할 뿐이다.

no.13

# 강화자

❏ 소개
1. 1인 기업가 공감 톡 브랜딩 대표
2. 최고의 강사
3. 꿈짱 코치 4050 직장인
4. 책을 만나서 꽃 핀 내 인생 (전자책)
5. 내 삶을 바꾼 책 (공저)
6. 유튜브 채널 운영 : 북소리꿈쌤

❏ 연락처
1. 네이버 검색: 강화자 저자
2. 블로그: https://blog.naver.com/kffh336

# 나의 일상 속에 스며든
# 감사일기

    2019년 봄이 시작될 무렵 책을 읽기 시작하면서 일상에서 소소한 감사일기를 쓰기 시작했다. 요즘은 몸과 마음의 행복과 편안함을 추구하려고 노력하는 중이다. 잠자리에서 일어날 때 몸을 이완시키는 기지개로 스트레칭하고 천천히 침대에서 일어나 화장실로 들어간다.

    미온수 물로 가글과 양치질을 깨끗하게 한 뒤 따뜻한 물을 천천히 마시며 하루를 시작할 신호를 내 몸에 알린다. 일상생활 속에서 건강한 생활을 만들어가는 작은 습관을 실천하며 50대 후반을 바라보는 지금 몸의 균형을 유지하기 위해 할 수 있는 바른 자세, 명상의 시간, 걷기 및 파워 댄스, 성경 말씀 읽기, 기도, 찬양 연습, 독서 하기 등 나의 하루 약속을 실천한다. 또한, 잠들기 전 그날그날 있었던 일들을 머릿속으로 떠올리고 적는다.

    네이버 카페에서 소수 회원이 그날에 감사일기를 쓴다. 매일 감사일기를 함께 쓴 회원님들과 공유하고 서로에게 응원 댓글을 남기면서 좋은 에너지를 받는다. 우리가 살아가는 일상이 똑같은 것처럼 느껴지지만 매일 다른 하루하루의 행복한 여행이 시작된다. 짧게 쓴 날도 있고, 긴 문장으로 기분 좋은 단어를 쓸 때도 있지만, 감사일기를 쓰고 잠자리에 들 때는 왠지 마음이 뿌듯하고 편안하다. 오늘은 나에게 어떤 좋은 일들이 있었는지, 좋지 않고 속상한 일들이 있을 때도 나 자신을 다시 한번 되돌아보는 시간을 갖는다. 그래서 나는 매일 감사일기를 쓰는 것이 나에게 긍정적인 영향을 준다고 생각한다. 누군가에게 도움을 받았든지, 도움을 주었든지 함께 만나 카페에서 따뜻한 차 한 잔을 마시며 이야기를 나눌 때도 나는 정말 행복하고 감사하다. 바쁜 일상에서 소소한 행복과 감사를 느끼는 것은 생각보다 쉽지 않다.

직장 생활 중에는 틈틈이 시간이 날 때마다 책을 읽고, 퇴근 후에는 잠자기 전에 책을 20~30분 정도 읽는 습관을 들이려 노력했다. 이것은 나 자신과 약속이었고 책을 읽고 있을 때 시간은 참 빠르게 지나간다. 혼자서 책에 집중할 수 있는 시간은 나에게 너무 즐겁고 소중하다. 다른 것을 신경 쓰지 않아도 되고 책을 보며 내가 느끼는 생각과 감정에만 집중할 수 있다.

내가 생각하기에 '나'라는 존재는 독립적인 성향이 강한 편인 것 같다. 여행 가기, 맛집에서 맛있는 음식 먹기, 취미 생활 등 내가 좋아하는 것을 알아서 잘 찾는다. 성격상 하고 싶은 일이 떠오르면 바로 도전하고 시작해 본다. 나 또한 예전에는 실패를 두려워했던 사람이었으나, 책과 감사일기를 통해 긍정적인 마인드를 가지고 실패의 두려움과 무서움보다는 '일단 시작해 보자!'라는 마음을 갖게 되었다.

사람은 누구나 실패와 실수를 할 수 있다. 하지만 이러한 경험은 사람이 성장할 수 있는 밑거름이 된다. 나는 설령 내가 도전했던 것이 원하는 목표를 이루지 못해도 자책하지 않고 끝까지 힘을 내서 다시 해 본다. 자신의 가치와 능력을 인정하며 자신을 사랑할 수 있는 나만의 장점을 찾아보자. 오늘도 난 나의 샘물을 깊이 파고 있다. 마음속에 저장된 맑고 긍정적인 물이 콸콸 쏟아지길 바라본다.

  타인에게 인정받는 것도 중요하지만 더 중요한 것은 어제보다 오늘 더 성장한 자신에게 집중하는 것이다. 다른 사람의 말에 흔들리지 않고 오로지 나를 믿으며, 이 순간부터 오직 나를 위한 삶의 테두리 안에서 내 인생을 살아간다. 우리가 자연 속에서 느끼는 바람처럼 나뭇가지가 바람에 흔들리고, 더 거센 바람이 불면 가지가 부러지듯이 사람의 마음도 같다. 나에게 거센 바람과 같은 시련이 온다고 해도 감사일기를 쓰면서 극복할 것이다. 지금까지 카페에 작성한 감사일기가 2,121번째를 기록했다. 5~6년 동안 감사일기를 꾸준히 써서 매일 즐거운 마음으로 살고 있다. 마음속에 간절히 바라는 것이 있다면, 우리 가족들이 부족한 부분을 서로 이해하고 배려하면서 건강한 모습으로 살았으면 좋겠다. 딸, 아들이 결혼해서 따뜻하고 행복한 가정을 이루면서 손자, 손녀를 낳고 건강하게, 예쁘게 살기를 바라본다. 감사한 일이 무궁무진하게 일어나길 바란다. 지금까지 충분히 노력한 용기에 칭찬하며 앞으로도 강화자 작가의 길을 씩씩하게 걸어간다.

  이 책을 읽는 독자님들도 꼭 감사일기를 써 보시길 추천한다. 하루하루 감사한 일들이 생길 것이다. 행복은 우리 가까이에 있다. 가장 중요한 것은 긍정적인 생각이다.

# no.14

# 양 선

❏ 소개
1. 여여나무연구소 대표
2. 여여나무연구소 출판사 대표
3. 체질 직업전문가, 기획 프로그램전문가
   당신 인생 운전대는 안녕하신가요? [心記心出]
4. 한국작가협회 이사겸 김해지부장
   한국자서전협회 김해 지부장
5. 전자책, 공동저서, 장애인전자출판, 재활전문서적,
   자서전 출판 전문,
6. 전자책, 종이책 기획포함 20권이상 출판 현재 계속 진행
   옴니버스 시리즈 1.내 삶의 좌우명 2.내 삶을 바꾼 책
      (교보문고 에세이 베스트셀러 등극)
7. 부산진구봉사센터 캠프장 가야2동 5년차

❏ 연락처
1. 네이버 검색: 양선
2. 블로그 검색: https://blog.naver.com/yesing30

# 좋은 언어의 마법

난 늘 반복해서 하는 일이 있다. 매일 아침 눈을 뜨면 좋은 언어의 마법으로 나에게 인사를 먼저 하는 것이다. '밤새 아무 일 없이 무사히 눈을 뜨게 해 주어서 감사합니다.' 감사 인사 마법을 먼저 나에게 한다. 그 후 주변에 감사 인사를 나눈다. '건강한 식사를 할 수 있게 해 주어서 감사합니다. 함께 할 수 있는 이들이 있어서 고맙습니다. 서로에게 힘을 불어넣어 주어서 감사합니다.'

언어 마법일지를 작성한 이유는 내가 좋아하는 이들의 이름을 수첩에 작성하면서 좋은 기를 넣어 주고자 시작했다. 인원수 정해서 똑같은 단어를 계속 반복해서 작성했다. 처음엔 변화가 온 줄도 모르고 있었다. 한참 뒤에 '이건 뭘까?!' 하는 느낌이 계속 들었다. 그동안 언어 마법의 기와 대화를 주변에 나누어 준 결과가 서서히 나타나는 것을 몸으로 느끼기 시작했다. 크지는 않지만, 어느 순간 남편의 나쁜 언어가 조금씩 줄어들었다.

주변 사람들도 조금씩 바뀌기 시작했다. 주변에서 도움을 요청하면 도움을 주겠다고 하는 이들이 점점 늘어나기 시작했다. 그 후 언어의 마법을 사용하는 분들과 대화를 늘려갔고 미운 말, 안 좋은 언어를 사용하는 이들은 멀리하게 되었다.

아침에 눈을 뜨면서 햇살을 볼 수 있어서 감사하고, 식구와 함께 식사할 수 있게 되어 감사하고, 나의 일이 있어서 감사하다. 내가 만나는 모든 일에 감사가 가득하다.
　가족이 지금은 다들 힘듦 속에 있다. 하지만 작은 스트레스를 받아도, 조금씩 양보하고 서로를 도와주기에 감사하다. 처음에는 이런 감사함을 모르고 있었다. 그러다 나 자신을 먼저 생각하고 먼저 존중하니 그다음 가족이 눈에 보였다. 참 신기하다. 그리고 언어가 얼마나 중요한지도 점점 알아가게 되었다. 사람은 혼자 살아갈 수 없는 존재다. 언어와 행동은 삶을 움직이는 기본적이고 중요한 원동력이고 나를 탄탄하게 하는 무기이기도 하다.

　옛날과 다르게 최근 5년 사이에 감사함·고마움·사랑하는 마음이 커지고 있음을 몸으로 느낀다. 평소 당연하다고 생각해 왔던 것들이 당연하지 않음을 알게 되었다. 코로나19를 통해 가까운 지인들이 세상을 떠났다. 주변에 많은 혼란이 생겼고 안 좋은 불신이 쌓이면서 대부분 혼자 있는 경우가 많았다. 코로나19로 소통이 단절된 상태여서 더 그런 것 같다.
　그리고 제일 큰 문제는 자신을 잃어가는 사람이 점점 늘어나고 있다는 것이다. 그래서 난 흔들리지 않게 나에게 주문을 걸었다. 주문은 내 마음과 몸의 근육을 만들어 주는 역할을 해 준다. 주위에서 안 좋은 소식이나 나쁜 소리에는 이젠 웬만한 소리는 주문(마법)을 걸면 그냥 흘려보낸다. 마법 일기는 마음 방패이다. 지금도 내 마음과 입과 생각은 항상 마법을 부리면서 움직인다.

 이런 말들이 입을 통해 밖으로 나오고 행동하니 주변 환경과 생각이 조금씩 달라지고 나 자신의 생각도 단순하게 변했다. 좋은 언어를 흰 종이에 쓰기 시작했다. 계속하면서 나와 같이하는 분들이 이런 좋을 말을 사용하면 좋겠다. 좋은 언어를 사용하는 이들은 다들 언어에 기가 들어있다고 말한다. 그렇다. 내가 사용하는 언어는 다 기운이 들어있다. 상대방과 인사를 하거나 좋은 말을 전할 때 기를 같이 넣어 준다. 그럼 그런 반응을 한다.

 감사의 언어는 좋은 말의 기본 중의 기본이다. 자신을 존중하고, 자신에게 먼저 감사하고 남들에게 좋은 언어를 사용한다면 행복, 감사, 고마움은 늘 우리 주변에 함께 할 것이다. 감사를 알아가면 아주 작은 부분부터 감사함을 알게 되고 하루가 큰 감사로 마무리가 된다.

 *모두 함께해서 이 또한 참 감사합니다.*

no.15

# 한준기

❑ 소개

1. 경기대 행정대학원 석사
2. 자서전, 전자책 출판지도사, 나 연구소 인천 미추홀지부장
3. 종이책, 전자책 : 20권 이상 발행
4. 시인, AI 강사, 디지털튜터스마트폰 지도사, 사회복지사
5. 마라톤 풀코스(42.195km) : 130회 완주
6. 울트라 308km, 537km, 622km 완주 : 그랜드슬래머
7. 수상 : 시장상, 국회의원, 도지사상, 헌혈 : 53회
8. 블로그 : 강*맛집 탐방 후기 50회 이상
9. 닉네임: 마라톤명인

❑ 연락처

1. 네이버 검색: 한준기
2. 블로그: https://blog.naver.com/new8844

# 삶에
# 도움 주심에 감사함

내 삶에서 감사한 부분 5가지다.

## 1. 감사함 일기 쓰기

　감사일기를 쓰게 된 시점은 약 3년 전이다. 우연히 카톡 방에서 지인을 알게 되어 감사일기를 쓰게 되었다. 예전에 일기를 쓰다가 중단했던 기억이 난다. 그 인연으로 지금까지 계속해서 감사일기를 쓴다. 주요 내용은 일과 중에 특별한 기억과 내가 한 일을 적는 하루의 기록이며 감사일기다. 벌써 1,185회째다. 이제 감사일기는 생활의 루틴이다.

## 2. 마라톤을 선물한 지인

　44살에 마라톤을 처음 시작했다. 전에는 낚시가 취미였으나 낚시는 운동이 되지 않아 다른 취미를 찾았다. 그러다 나보다 4살 많은 방통대 선배인 이*영 형님을 알게 되었다. 그분은 매일 소주 1병 마시고, 담배 또한 애연가라고 해도 될 것이다. 그분도 하는데 내가 못 할 이유가 없었다. 그 후부터 마라톤은 나의 진실한 취미가 되었다. 그동안 풀코스

(42.195km) 130회 완주, 강화 창후리~강릉 경포대(308km), 부산 태종대~임진각(522km), 전남 땅끝마을~강원도 고성 (622km) 완주를 했고, 헌혈도 53회를 했다.

우연히 시작한 마라톤으로 나에게는 커다란 변화가 찾아왔다. 할 수 있다는 자신감, 도전 정신, 물 한 방울 하나 없는 사막에서도 끈질기게 살아갈 수 있다는 자신감도 생겼다. 힘들고 어려울 때는 '**나는 강하다. 어려운 마라톤도 완주했는데 못 할 것이 없다**'라는 불굴의 정신도 가질 수 있다.

나를 알고 있는 지인이 호칭을 지어 주었다. "앞으로 한준기님은 닉네임을 마라톤 명인으로 하세요" 그때부터 나는 마라톤 명인이 되었다. 마라톤 취미를 갖게 해 준 이*영 형님에게 감사하다.

## 3. 어려울 때 도움을 준 고마운 형님

우리의 인생에는 희로애락은 있기 마련이다. 사람의 인생은 순탄 대로만 있는 것은 아니다. 나도 힘들고 어려울 때가 있었다. 금전적으로 매우 어려운 고비가 찾아왔다. 내 사정을 알고 있는 사람은 측은하게 얘기하지만, 금전적으로 도와주지는 않는다. 형제 중에 작은형님이 있다. 내가 어렵다고 말하니 이유 불문하고 금전적인 도움을 주었다. 고마웠고 "언제까지 갚아 줄게요."라고 했더니 뜻밖의 얘기를 하였다. "안 주어도 된다. 필요할 때 써라." 그렇다고 형님이 부자고 여유가 있는 것은 아니었다. 나는 마음속으로 다짐하고 있다. 형님이 필요할 때 큰 도움을 주리라 생각하고 있다. 고마운 형님에게 늘 감사함을 느낀다.

## 4. 가족 같은 지인 부부

비즈니스를 하면서 우연히 박*영 사장님을 알게 되었다. 6년 전에 알았는데 지금 나를 가족처럼 매우 친하게 보살펴 주신다. 내 생일 때 생일잔치도 해주고 맛있는 요리를 하면 꼭 와서 함께 먹자고 연락한다. 마치 친동생처럼 잘해주어서 "부담 가니 안 불러도 됩니다."라고 해도 형수님은 "가족처럼 생각하니 너무 부담 갖지 마세요."라고 말한다. 가족, 형제보다 더 친근감 있고 가족처럼 생각해 주니 매우 고마움과 감사를 느낀다.

## 5. 새로운 종교 생활

예전에 영종도 아파트 관리 사무실에서 함께 근무했던 직원이 있다. 2023년 9월 어느 일요일 아침에 핸드폰이 요란하게 울린다. "형님 일요일에 특별한 약속 없으면 교회에 같이 나가요." 전혀 예상 밖의 연락이지만 왠지 교회를 가고 싶은 충동을 느꼈다. 그 이후부터 일요일 특별한 약속이 없는 한 교회에 간다.

그동안 나 자신을 믿는다. 내 주먹을 믿는다고 생각을 한 적이 있지만 홍*희 목사님 얘기를 들으면서 새로운 세계에 접어들었다. "믿어라. 진실하게 믿어야 한다. 믿는 만큼 은혜를 주신다. 어려운 문제가 있으면 진실하게 기도하여라. 모든 것을 해결해 주신다." 우연한 기회에 교회에 갈 수 있도록 도움을 준 정*규님에게 감사함을 느낀다.

no.16

# 김송례

❏ 소개
1. GnB영어전문학원 원장
2. GnB영어전문교육(주)전남서부 본부장
3. 캐나다 마운틴뷰교육청 한국사무소 광주전남본부장
4. 아이러브스터디 대표이사
5. 하늘소리 하모니카 연주단

# 모든 순간에
# 감사와 행복을

'내 삶의 감사일기를 쓰는 첫머리에 이번 생은 망했다는 문장으로 시작하는 것이 좋을까?'라고 잠시 고민했었습니다. 나의 삶이 힘들고 마음에 들지 않았기에 지나온 시간에 대한 기억을 애써 지우며 살았습니다. 하지만 이제는 그 순간들을 소중히 여기고, 감사함으로 채워가려고 합니다.

제가 삶에서 감사한 부분은 다음과 같습니다.

**첫째, 아픈 상처의 무게만큼 큰 행복에 감사합니다!**
힘들고 어려운 시기를 겪으며 혼자서 많은 일을 감당해야 했지만, 그 과정에서 저는 홀로서기를 할 수 있는 용기와 힘을 얻었습니다. 가족과의 소통과 조화를 위해 노력하고 미래를 함께 그리는 것은 도전적인 일이었습니다. 친정과 시댁, 일, 소통이 어려운 남편과 함께 미래를 꿈꾸는 것은 쉽지 않았습니다.

많은 시간을 일하고 가족을 돌보는 데 헌신하면서 살아왔지만, 그 과정에서 깊은 상처만 쌓였습니다. 오랜 시간이 흐른

후, 저는 내면의 상처를 치유하고 나 자신을 찾기 위해 끊임없이 노력했습니다.

바리스타 자격증과 심리상담사 자격증을 취득하고, 최면 심리 치료학을 공부하면서 조금씩 내면의 나를 찾아갔습니다.

어느 날, 자기 최면을 통해 7년 동안 마음에서 떠나보내지 못했던 돌아가신 아버지와 이별할 수 있었고, 그 순간부터 내 마음은 조금씩 치유되기 시작하였습니다.

**둘째, 사랑하는 두 딸에게 감사합니다!**

나에게 가장 큰 보물은 사랑스러운 두 딸입니다. 잘 되고 있었던 사업을 과감하게 정리하고 서울로 이사한 이유는 아이들의 교육 때문이었습니다. 일하는 바쁜 엄마로서 필요할 때 항상 챙겨주지 못하는 것이 미안했지만, 딸들은 항상 내게 감사와 기쁨을 안겨주었습니다. "엄마는 우리에게 사랑을 주셨잖아요"라는 딸들의 말에 큰 위로를 받습니다.

딸들과 소통하기 위해 '대화의 방' 노트와 '도시락 편지'를 활용했고, 딸들에게 사랑과 긍정의 에너지, 그리고 "할 수 있다"라는 자신감을 심어주었습니다. 지금은 성인이 되어 독립했지만, 지금도 사용하고 있는 도시락 편지는 우리에게 중요한 소통의 반찬이 되고 큰 기쁨이 되어주고 있습니다. 세상에서 가장 소중한 내 딸들에게 한없는 사랑과 감사한 마음을 전하고 싶습니다.

셋째, 나이가 들어도 재능을 나누고 사회에 기여할 수 있어서 감사합니다!

은퇴 후, 운동과 하모니카를 처음 배우기 시작했습니다. 시작은 서툴고 힘들었지만, 확실한 목적이 있었기에 열심히 배우고 익혔습니다. 드디어 하모니카 재능기부를 통해 다양한 사람들을 만나며, 요양원, 구치소, 교회, 시각장애인 교육원을 비롯한 다양한 장소에서 연주했습니다. 그곳에서 나는 위로와 사랑을 전하며 동시에 그들에게 위로를 받았습니다.

어쩌면 이것은 가까운 미래 나의 모습일지도 모릅니다. 내게 시간이 얼마 남지 않았을지라도 더 많은 사람에게 감사와 희망을 전할 수 있도록 최선을 다하고 싶습니다. 앞으로 살아가야 할 후배들에게 저의 적은 노력이 나비효과처럼 퍼져나가 희망적인 에너지와 살기 좋은 환경을 남길 수만 있다면 얼마나 좋을까요? 열심히 노력하고 포기하지 않는다면 반드시 좋은 내일이 올 것으로 생각합니다. 그래서 오늘도 희망을 품고 최선을 다해 봅니다.

감사일기를 쓰면서 많은 것을 느끼고 배웠습니다. 실패한 인생이라 생각하며 살아온 날보다, 더 나은 삶을 살아갈 수 있을 거라는 희망을 보았습니다. 오늘 하루가 소중하고 또한 살아있음에 감사하며, 내게 주어진 모든 순간에 행복을 느낍니다.

no.17

# 장예진

❏ 소개
1. 보육교사, 사회복지사, 평생교육사, 다문화교원 자격증
2. 상담심리 치료 박사(PHD), 미술치료사 심리검사 전문가
3. 1급상담심리 치료사, 언어 치료사
4. 애니어그램 상담 강사 성폭력 상담 전문가
5. 가정폭력 상담 전문가 학교폭력 상담 전문가
6. 갈등조정 상담사 이마고 부부 상담사
7. 인성지도사 1급 독서 논술 지도사
8. 저서: 무심에서 감성으로 감성시집(공저)
    쯔가 있는 사람들의 결단(공저)

❏ 연락처
이메일: cosmos9377@hanmail.net
블로그: https://m.blog.naver.com/jso0426/222466689265
유튜브: 장예진TV

# 죽음의 고통을 담은 감사 그릇

### 1. 교통사고로 죽었다가 이틀 만에 깨어난 사건

3월 31일 자정이 지나고 새벽 1시쯤 사고를 당했다. 시청 앞 사거리에서 신호를 받고 가는데 영등포에서 달려오던 총알택시가 질주를 멈추지 못하고 뒷좌석을 박고 조수석과 차 앞을 또 박았다. 천둥 치는 소리를 들으면서 같이 차에 타고 있던 조카 상기를 가슴으로 안았고 차는 도롯가 홈에 박혔다. 119가 왔고 택시 운전자와 승객 4명 그리고 조카 둘은 다 태우고 갔는데 기울어져 있는 차 밑에 깔려있던 나는 못 보고 그냥 가버렸다. 사고가 난 다음날 새벽예배 가시던 분이 구겨진 차를 들여다보다가 차 밑에 있는 나를 꺼내서 길병원 응급실로 데리고 왔다고 나중에 들었다. 혼수상태에 있던 나는 이틀 만에 깨어났다.

정신이 들었을 때 나를 누가 데려왔다는 말을 듣고 응급실에 알아보았다. 이미 자리를 비워서 만나지는 못했지만, 그분은 나를 살려준 귀한 천사와 같은 분이다. 머리를 너무 심하게 박아서 깨어나면서부터 두통이 심했다. 허리 인대 파열로 걷지 못하고 누워서 1년을 보냈다. 그렇게 힘든 순간에도 남편과 자녀들이 곁에서 날마다 나를 지켜주었다. 이런 가족이 있어서 참 감사하다.

## 2. 뇌졸중 사건

특실 병실에 달려있던 여러 개의 기계가 멈추고 혼수상태에서 정상인으로 회복된 사건이 가장 감사했다. 뇌졸중 사건으로 치료받고 퇴원했는데 어린이집을 남편이 원하는 선생님께 넘겼다고 말해서 많이 울었다. 남편은 내가 과로하면 위험하고 쉼이 필요해서 결정했다고 말했다. 내 손으로 혼자 밥도 먹고 나 혼자 걸어 다닐 수 있어서 감사하다. 내 손으로 남편에게 밥을 해줄 수 있어서 감사하다.

은행에 갔다가 굽어진 팔에 걷지 못하는 분을 만나면 부축해서 집에까지 모셔다드리고 집으로 온다. 건널목을 가다가 지팡이 잡고 힘들게 걷는 분을 보면 부축해서 길을 건네주고 돌아서면서 정상으로 회복된 나의 모습에 날마다 감사한다. 남편도 운전하고 가다가 건널목에 지팡이 잡고도 못 걷는 분을 만나면 건너갈 때까지 차를 멈추고 기다린다. "당신이 저 모습일 텐데"라며 감사하다고 말한다.

## 3. 너무 과로해서 오른쪽 귀의 난청 사건

새 학기가 되면 새롭게 환경 정리를 하느라 한 달 동안 밤마다 일했다. 특기 적성으로 미술, 영어, 택견, 피아노, 색종이 접기까지 원아들을 사랑으로 가르쳤다. 미술 경연대회 전시회에 출전하여 금상을 받아왔다. 과로의 결과는 건강의 문제로 다가왔다. 갑자기 귀가 들리지 않았다. 상계동 백병원에 명의가 계신다고 소개받고 입원했다. 난청 환자가 이렇게 많이 있다니 놀랐다. 나는 1주일이면 퇴원해서 더 보람 있게 아이들에게 갈 수 있을 거라고 말했고 말한 대로 1주일 만에 퇴원했다. 긍정의 말의 힘이다. 병원 주치의 선생님은 어떻게 짜증 없이 그렇게 밝은 표정으로 사람들을 맞이할 수 있냐면서 이런 환자는 처음 본다고 회진 시간 때마다 말씀하셨다. 퇴원하기 전에 보너스로 피부과 박사님을 소개해 주셨다. 피부과에 레이저 점 빼는 기계가 처음 들여왔다고 첫 시술로 얼굴에 점들을 모두 깔끔하게 해주어서 감사했다. 무탈하게 퇴원할 수 있어서 감사했다. 딸도 지금까지 시력에 문제가 없어서 감사하다.

교통사고 당했으나 천사를 만나게 해주셔서 감사하다. 끝까지 인내할 수 있도록 변함없는 사랑으로 보살펴 주는 가족과 이웃이 많아서 감사하다. 건강한 정신력으로 내 인생을 포기해 본 적 없어서 감사하다. 인생은 지금까지가 아니라 지금부터라고 생각하니 감사하다. 응급실에 많이 실려 갔지만, 무사히 걸어올 수 있어서 감사하다. 결벽증 심한 나에게 마음속에 말로 상처 준 사람도 많았다. 마음의 상처 치유하는 전문 상담 직업에 감사할 수 있어서 행복하다. 늘 겸손하신 우경하 대표님께서 쓰고 싶은 글을 쓸 기회를 주셔서 감사하다. 날마다 눈을 뜰 수 있어서 감사하다.

어제는 무사히 지나와서 감사하고 내일은 기다릴 수 있어서 감사하다. 병실에서 나는 눈뜰 힘이 없는 시간도 보냈고 말 못 하는 자리에도 있었다. 오늘이라는 하루가 날마다 소중한 날이라서 감사하며 살고 있다. 감사는 더 큰 감사가 들어오는 문을 연다. 내 삶은 위기의 고통을 담는 그릇에 따라 달랐다. 나는 5번의 죽음 경험과 질병의 고통을 **감사 그릇**에 담았다.

no.18

# 김미옥

❏ 소개
1. 사회복지법인 제주공생 희망나눔종합지원센터 센터장
2. 한국사회복공제회 대의원
3. 2022년 5월 전안나작가와의 만남
4. 2022년 5월 31일부터 '하루 한 권'책 읽기 결단
5. 2022년 8월 10일 네이버 블로그개설(예비작가 Kim)
6. 2024년 11월 ~2025년 1월 인생 책 50인 공저
    '내 삶을 바꾼 책, 내 인생의 산전수전, 내 삶의 귀인,
    내 삶의 감사일기' 참여
7. 사회복지사 1급, 약물중독전문가 2급, 노인지도자자격,
    가폭.성폭 전문가 등 다수의 자격 소지

❏ 연락처
블로그: https://blog.naver.com/k960722-

# 범사에 감사합니다

　해마다 한 해를 마무리하고 새해를 준비하면서 나만의 의식인 올해의 버킷리스트를 2014년부터 작성하기 시작했다. 이와 더불어 매해 12월 31일 송구영신 예배를 통해 한해의 기도 제목을 쓰기도 한다. 1년 52주 감사 생활을 통해 감사 예물을 드리는 것이 내 삶의 과제이기도 하다.

　1년 365일, 어찌 좋은 일과 기쁜 일만 있겠는가? 비가 오는 날이 있으면 햇볕이 내리쬐는 맑은 날도 있을 것이고 곧은 길이 있으면 굽은 길도 있을 것이다. 범사에 감사하니 감사도 좋은 바이러스가 되어 진짜 감사가 되었다.

　2022년 8월부터 블로그에 카테고리를 만들고 감사일기를 쓰기 시작했다. 현재까지 263건을 발행했다. 3일에 1건 정도 발행했고 1건당 10가지 정도의 감사 내용을 적을 수 있었다. 이진희 작가의 책 「감사행성」을 읽고 100가지 감사 내용을 두 시간에 걸쳐 정리한 적도 있다. 어떻게 하루 100가지 감사 내용을 적을 수 있냐고 묻겠지만 하루 삶을 돌아보면 눈에 보이는 사물과 귀에 들리고 마음에 새겨지고 보이는 모든 것이 감사가 될 수 있었기 때문에 가능한 일이다.

　「나는 이렇게 나이 들고 싶다」 소노아야코의 계로록에서 요즘 시대는 자기 혼자 힘으로 모든 것을 해나가고 있다고 생각하면서 감사의 표현이 줄어들고 있다고 말한다. 특히 나이가 들수록 감사의 표현을 못 한다고 한다. 저자는 만일 노인이 훈훈한 노후를 위해 반드시 지켜야 할 것을 한가지 고른다면 주저 없이 "감사합니다"라고 말하는 것을 선택하겠다고 한다.

모든 인생에서 감사할 만한 것이 하나도 없는 인생은 없다. 내가 여기까지 살아온 인생 여정을 뒤돌아보면 모든 것이 은혜이고 감사이다.

나는 2003년 2월 10일 재취업 전까지 독박육아, 전업주부, 경력 단절 여성에 불과했다. 그러다 사회복지 현장에서 사회복지사로 일하면서 나의 자존감도 업그레이드되었고 유년 시절 친정아버지가 원하던 선생님으로 살게 되었다.

비록 교직원은 아니지만 내가 만나는 클라이언트들은 나에게 깍듯이 '김 선생님'이라고 불렀다. 내가 마음껏 성장하고 일할 수 있도록 자기 몫을 다하고 잘 커 준 두 아들과 든든한 지원자가 되어준 서방님께 감사한다. 나는 요즘 최고로 행복한 시간을 보내고 있다.

새내기 초임 사회복지사가 과장과 국장을 거쳐 최고 관리자인 센터장으로서 일하고 있음이 감사이다. 범사의 사전적 어원을 보면, 갖가지의 모든 일을 의미한다. 삶 속에서 만나는 희로애락의 모든 일을 의미하는 것일 것이다.

오늘 2025년 1월 8일 블로그 감사일기를 공유하며 글을 마무리하고자 한다.

1. 새벽 예배 알람 없이 기상 감사합니다.

2. 특새 삼 일째 서방님과 함께 예배드림에 감사합니다.
3. 서방님 새벽 예배 후 나를 집까지 픽업하고 사우나 들러 출근한다고 하니 서방님의 배려심 감사합니다.
4. 이른 출근하는 2호 아들 과일 도시락과 뜨끈한 차 챙기고 급히 나간 아들 침대 정리할 수 있어 감사합니다.
5. 출근길 극동방송 청취하며 기도하게 하심 감사합니다.
6. 연차임에도 제사 후 직원들 점심 찬거리 한 가방 챙겨 온 강 국장의 따스한 마음 감사합니다.
7. 아침 시간 글 쓰고 책 읽기의 달콤함 감사합니다.
8. 감기가 주춤하고 물러갑니다. 건강 회복 감사합니다.
9. 아들들과 주일 예배 말씀 요약하여 공유 감사합니다.
10. 오래전 인연 기억하고 센터 후원자 되어주신다는 기쁜 소식 감사합니다.
11. 나의 두 번째 공저 [내 삶의 산전수전] 종이책 유통 시작 감사합니다.
12. 두 번째 공저 교보 문고에서 주문 완료 감사합니다.
13. 세차게 불던 바람 잠잠해졌으니 감사합니다.
14. 오늘 성심수산 사장님 생선 후원 나눔 감사합니다.
15. 나의 네 번째 공저 [내 삶의 감사일기] 원고 완료 감사합니다.

no.19

# 김종호

❏ 소개
1. 웰다잉 전문강사, 사전연명의료의향서 상담사
2. 생명존중·생명나눔 전문강사
3. 전직 군인(해병대 34년 복무)
4. 인성·상담·리더십·임무지휘 교관
5. 양성평등 전문강사
6. 전문상담사
7. 닉네임: 떡보

❏ 연락처
전화: 010-8571-0063

# 존재하는
# 모든 것에 감사

　세상에 당연한 것은 없다. 새해를 맞이하여 나 자신을 돌아보면서 감사함을 좀 느껴보고 싶다. 매 번호 끝의 후렴구(後斂句) '감사하다'를 생략하고, 장의 마지막에만 붙였다.

### 1. 자연·반려동물·세상에 대하여

　① 1970년대 겨울철의 초등학교는 참 추웠다. 쉬는 시간 담벼락에 기대어 햇볕을 쬐던 그 시절의 추억이 그립고 ② 옛날에는 맑은 하늘이 당연했는데 요즘은 그런 날씨를 보면 ③ 겨울 덕분에 나무는 나이테를 만들고, 만물은 거기에 적응한다. 봄이 또 오는 건 참 대단하고 그저 경외하고 ④ 어린 시절 함께한 우리 집 반려동물(소, 염소, 닭, 토끼, 개, 고양이 등), 바람과 공기, 발길에 밟힌 돌도 그립고 ⑤ 세상의 이치를 깨닫는 데 무려 62년이나 걸렸다. 그래도 ⑥ 초고령 사회('24.12.23)가 되었다. 내가 할 수 있는 일이 있기에 ⑦ 세상은 과거와 현재로 이어져 있다. 또 잊힌 것들과 새긴 것들, 억울한 것들과 가슴 아픈 것들, 잘못된 것들과 올바른 것들 등이 섞여 있다. 이런 프랙털 구조(Fractal Structure)를 두

눈 부릅뜨고 지켜볼 수 있어서 감사하다.

## 2. 부모·형제자매·가족에 대하여

① 내가 막내로 자라 귀여움을 참 많이 받았다. 할머니가 절이나 이웃집 잔치에서 돌아올 적에 손수건에 고기나 떡이 있었다. 손자를 향한 그 마음에 ② 어머니는 우리 집에 거지가 와도 절대 그냥 보내는 적이 없었다. 그 가치와 마음이 내게도 아직 남아있어서 ③ 할머니와 아버지, 고모, 숙모, 삼촌 등 식구들이 엄마를 험담할 땐 난 약이 올랐다. 하지만 어머니는 늘 초연했다. 그 정신에 ④ 형·누님들 덕분에 대학을 갈 수 있어서 ⑤ 누나들에게는 재산상속이 되지 않았다. 하지만 공장에 내몰리면서도 담담하게 받아들였다. 미안하고 ⑥ 그런 누나들에게 내 몫의 토지에 대해 두 누나와 각각 1/3씩 나누기로 했는데 아내가 동의를 해주어 ⑦ 손주 녀석이 아직 한 살도 되지 않았는데 잔병치레가 많다. 열이 40도까지 올라 병원 간다고 아들한테서 연락이 왔다. 서너 시간 후 보내온 사진에 그래도 안도할 수 있어서 ⑧ 아직도 아내를 쳐다보면 측은하기도 하고 설레기도 한 것에 감사하다.

## 3. 나에 대하여

① 어릴 적부터 병약했다. 어머니가 시나브로 보살폈다는 것을 내 몸과 마음이 기억하고 있어서 ② 늘 주변 사람들에게 베푸는 어머니의 심성에도 ③ 작은 키를 극복할 방법으로 ㎝ 대신 ㎜를 사용했다. 어느 면접관의 키 질문에 잘 활용했고,

웃으면서 합격시켜 주어서 ④ 내가 해병대 장교를 지원한 것은 만류했던 친구들에 대한 오기 때문이었다. 그 친구들에게 ⑤ 오랜 군대 생활을 여태까지 잘 버텨온 내 몸과 마음에 ⑥ 태양과 죽음은 바로 볼 수 없다. 하지만 삶은 죽음을 배경으로 할 때 가장 잘 보인다. 또 삶은 순간순간의 마무리이자 새로운 시작이고, 사후 생으로 연결됨에 감사하다.

### 4. 관계에 대하여

① 코로나19가 유행하던 시절 기청산식물원을 갔는데 우연히 원장님을 만났다. 그분이 들려준 말 "오사자연(吾師自然)"이 있었다. 그 말이 지금 내 옆구리에 붙어 있어서 참 ② 또 그 식물원에는 수천 년을 산다는 낙우송이 있다. 그 나무의 호흡근을 보면 그냥 고개가 숙여진다. 그런 나무가 존재하는 것만으로도 ③ 자식은 부모의 주름살을 먹고 산다. 내 삶의 귀인은 어머니다. 일상의 공간에서 몸으로, 행동으로, 정신적으로 옹달샘이었다. 나에게 그런 어머니가 계셨다는 것에 그리고 그런 것을 본받은 나 자신에게도 감사하다.

### 5. 이 모든 것에 대하여

① 나와 연결된 것은 사람들만이 아니다. 과거도 있고, 자연도 있고, 반려동물도 있고, 그리움도 있고, 물건도 있고, 정신도 있다. 이 모든 것들에 감사하다.

no.20

# 조성연

❏ 소개
1. 병영생활 전문 상담관
2. 의정부 가정법원 상담 위원
3. 인지 재활 놀이상담사 자격 과정 강사
4. 한국 인지재활 놀이연구소 소장
5. 네이버. 베이비 뉴스 –조성연 칼럼니스트
6. '군대가 장난이냐?' 전자책 작가
7. 인성, 세상을 이끄는 힘. 공동 작가
8. 꿈나래 출판 운영

❏ 연락처
1. 네이버 검색: 조성연
2. 블로그 검색: 힐다임. 한국 인지 재활 놀이연구소

# 일(직업)이 주는 감사

　나는 현재 심리 상담을 15년째 하고 있다. 내 부모는 정상적인 사람이 아닌 정신적, 심리적으로 불안정한 상황에서 우리 6남매를 키웠는데, 건강하지 않은 주 양육자인 부모가 아이들을 잘 양육하고 훈육한다는 것은 불가능한 일이다. 우리 자녀들은 하나같이 상처를 받았고 폭력과 알코올, 흡연에 노출되어 있었다. 심지어 아버지가 친구들과 술상을 벌였는데, 밤이 늦어서 일부는 집으로 가고, 어느 한 친구는 너무 술에 취해서 우리 집 안방에서 잤는데, 자면서 소변을 눠 그 아버지 친구 때문에 부모님이 심하게 싸웠고, 두 번 다시 친구들을 집으로 데리고 오지 말라고 쌍욕을 했던 엄마의 분노에 찬 모습이 생생하다. 분노 조절에 어려움을 봤다.

　중. 고등학교 생활기록부 장래 희망란에는 늘 간호사라고 적었다. 이유는 어린 시절 좋은 기억이 없고, 부모님이 정신적으로 아프다고 생각했고 내가 커서 도움 줄 수 있는 일이 간호사가 되는 것이라고 생각했기 때문이다. 그때는 심리학, 정신분석 등의 학과에 대해서도 몰랐었기에 간호사가 되는 것이 최선이라고 생각했다. 성당 봉사 활동으로 소록도 나환자(한센병)들을 돌보러 갔는데, 주로 말벗을 해 주거나 식사 시간에 손이 없는 분들을 위해 대신 밥을 떠먹여 주는 일을 했었다.

간호사가 되겠다는 꿈을 이루기 위해서 고등학교를 졸업하고 바로 서울로 상경했다. 바로 간호대학에 들어가기에는 등록금이 없어, 우선 기숙사가 완비된 간호학원에서 자격증을 땄다. 밤에 다니는 야간 간호대학을 가겠다는 각오로 낮에는 열심히 일했다. 국가 시험에 합격하여 의정부 성모병원에 간호조무사로 첫 직장을 갖게 되었다. 야간 간호대학을 가려고 했으나, 3교대로 돌아가는 근무표 때문에 간호학과를 가는 것은 불가능했다. 그때 처음으로 알게 된 것이 사이버대학이었다.

그 당시 일하면서 사이버로 공부할 수 있다는 것이 매력적 이어서 서울디지털대(SDU)에서 사회복지·심리 상담을 복수전공으로 공부했다. 병원에서 눈에 보이는 몸의 상처보다 심리적으로 어려움을 가진 사람들이 많다는 것을 알고, 석사과정은 심리치료학과를 선택한 것이다. 10년간의 병원 생활을 마무리하고 심리학을 본격적으로 공부하기 시작했다. 심리학은 내적으로 사람을 살리는 일이라 공부를 많이 해야 한다. 석사 졸업 후, 바로 박사과정으로 아동가족 심리치료를 전공했고 본격적으로 지금까지 심리 상담을 하고 있다.

내가 만나는 사람들은 아동부터 노인에 이르기까지 다양하게 있었고, 특히 가정법원 상담 위원으로 위기 가족을 가장 오랜 시간 상담했고 그 일은 가장 보람이 컸다. 내 어린 시절의 가족이 위기가정이었고, 서로에게 상처를 줬었다. 그랬기에 힘들어하는 가족들의 마음에 공감하는 능력이 키워지게 되었다.

내 일에 대해 자부심과 감사함을 느끼는 일이 많아졌고, '사람을 살리는 일'이기에 다시 한번 보람을 느낀다. 의사가 의술을 통해 환자를 살리는 것과 같이, 나는 마음의 어려움이 있는 사람들을 언어로 살리는 일을 한다.

이후 육군본부에서 10년째 병사들과 만나고 있는데, 최근 병사와 간부 간의 이해관계가 와전되어 법적으로 가는 공방전이 일어났다. 상담에서는 한쪽의 입장만 들으면 어려움이 있지만, 쌍방 모두의 입장에서 보면 그들의 생각에 모순이 있다는 것을 발견하게 된다. 해결사는 아니지만 조언을 통해 지혜로운 방법으로 서로에게 피해가 가지 않고, 남은 군 생활을 자유롭고 보람되게 하는 데 일조했다. 두 사람 모두 인생에서 큰 오점이 되었을 일이 순조롭고, 지혜롭게 화해하고 마무리가 되었다.

이 일을 계기로 두 사람 모두를 살린 샘이 되었다. 상담이라는 직업을 가지고 최근 한 일 중 가장 뜻있는 일이었다. 나 자신에게 감사했고 억울하거나 힘든 사람들을 도울 수 있다는 것에 보람을 느낀다. 내 생을 마감하는 그날까지 내 일에 최선을 다할 것이라고 굳건히 다짐하게 되었다.

어느 희극인의 말이 생각난다. 그는 '평생 무대에서 살았고, 무대에서 연극 하다가 죽는 것이 소원이다.' 하고 말했다. 한 사람이 태어나 살아가면서 자기 일이 있고, 그 일을 생을 마감할 때까지 할 수 있다는 것은 인생의 큰 복이고 감사해야 할 일이다.

## 내 삶의 감사일기

## 3장. 어머니의 DNA, 나의 힘이 되다

| 21. 음희화 | 22. 이석희 |
|---|---|
| 어머니의 DNA, 나의 힘이 되다 | 우리 아버지에 대해 이젠 감사할 수 있다 |
| **23. 엄일현** | **24. 최형임** |
| 나로 살아가는 삶에 감사함 | 있는 그대로 만족하는 나에게 감사 |
| **25. 데보라** | **26. 조미라** |
| 나는 공순이다 그래서 감사하다 | 남편의 묵묵한 응원, 나의 원동력 |
| **27. 문선화** | **28. 정원임** |
| 지천명을 알아가는 삶에 대한 감사 | 성장과 나눔을 실천하는 감사 |
| **29. 장선희** | **30. 남궁인정** |
| 소유의 감사에서 존재의 감사로 | 함께하는 기쁨! 도전하는 삶에 감사 |

no.21

# 음희화

❑ 소개
1. 국민안전원 대표
2. 국제인증교육원 원장
3. 파이낸스투데이 화성시 지국장
4. 전자책, 종이책 출판
5. AI 전문지도사
6. AI 최적화 블로그 강사
7. AI 마케팅 전문가
8. AI 이미지 공모전 수상
9. AI 영상 공모전 출전

❑ 연락처
1. 이메일: eumhhh@hanmail.net
2. 홈페이지: https://k-safety.kr/
3. 블로그: https://blog.naver.com/happyday365--

# 어머니의 DNA,
# 나의 힘이 되다

우리는 살면서 수많은 순간을 마주하게 된다. 그중에서도 가장 힘들고 어려운 시기를 지날 때면, 나는 항상 돌아가신 엄마가 떠오른다. 그리고 나는 마음속으로 엄마에게 깊은 감사의 기도를 드린다.

엄마는 철인이라고 별명이 붙을 정도로 강한 정신력과 열정, 그리고 달리는 철마처럼 하루도 쉬지 않고 평생 일만 한 사람이다. 마치 일을 하기 위해 태어난 사람처럼 일밖에 모르는 여자였다.

내가 아주 어렸을 적에 엄마는 5남매를 키우기 위해 머리에는 도라지로 가득한 큰 광주리를 짊어지고, 한 손에는 계란 꾸러미를 여러 개 들었다. 30km 이상 먼 길인 서울을 향해 새벽 별을 보며 나갔다가 달빛을 벗 삼아 돌아오던 그 고된 일상이, 지금의 나를 있게 한 근원이 되었다.

엄마의 하루는 언제나 분주했다. 계절이 바뀌어도 변함없이 이어진 그 열정과 끈기는, 자식들을 굶지 않게 하기 위한 희생이자 사랑이었다. 그런 엄마의 강한 정신력과 판매력으로 우리는 풍족하지도 부족하지도 않은 형편으로 살 수 있었다.

나는 종종 사람들에게 이런 말을 한다. "내 안에는 엄마의 DNA가 흐르고 있다"라고 말이다. 이는 단순한 생물학적 유전자의 의미를 넘어서는 것이다. 엄마의 강인한 정신, 절대 굽히지 않는 의지, 그리고 끝없는 사랑의 힘이 내 안에 깊이 새겨진 것이다.

인생의 거친 파도가 밀려올 때면, 나는 잠시 숨을 고르며 그 상황을 바라본다. 마치 높은 산을 오르기 전, 등산가가 등산로를 세심히 살피듯 그 고난의 지형지물을 하나하나 읽어내려고 애를 써본다. 어둠이 깊을수록 별빛이 더욱 빛나듯, 난관의 크기만큼 내 안의 의지도 더욱 단단해진다.

비바람이 몰아치는 날에도 꿋꿋이 버티는 뿌리 깊은 나무처럼, 나는 그 순간을 거부하지 않고 순순히 받아들인다. 그리고 내 안에서 조용히 속삭이는 소리가 들린다. "이 산을 넘어야 하늘이 더 가까이 보인다."라고 말이다.

마치 거센 바람 속에서도 다시 일어서는 오뚜기처럼, 나의 의지는 역경 속에서 더욱 단단해진다. 매 순간 부딪히는 어려움은 나에게 있어 더 높이 도약하기 위한 디딤돌이 되어 준다. 그리고 그 과정에서 나는 엄마의 DNA가 내 안에서 살아 숨 쉬고 있음을 느끼게 된다.

나는 이 특별한 능력이 바로 엄마로부터 받은 DNA 선물이라고 생각한다. 단순히 피와 살을 이어받은 것이 아닌, 삶의 지혜와 용기를 담은 특별한 DNA다. 엄마가 평생 보여준 그 굴하지 않는 의지와 끈기가, 지금의 내 안에서 살아 숨 쉬고 있기 때문이다.

시간은 마치 강물처럼 흘러, 엄마가 하늘의 별이 되신 지도 어느덧 열한 번의 계절이 바뀌었다. 그러나 모성애라는 것은 참으로 신비롭다. 때로는 구름 사이로 비치는 달빛처럼, 엄마는 꿈속에서 여전히 자식을 걱정하는 눈빛으로 나를 바라본다. 그 모습은 마치 '무의식의 투영'처럼, 끝없는 모성애의 깊이를 보여 준다.

엄마가 준 선물, 그 귀중한 유산을 이제는 제대로 된 열매로 맺어서 보답하고 싶다. 그래서 나는 오늘도 쉬지 않고 달린다. 마치 봄날의 새싹이 태양을 향해 자라나듯, 엄마의 사랑과 강한 정신을 이어받아 끊임없이 노력하고, 노력 속에 기회를 기다린다.

매일 아침 눈을 뜰 때마다 나는 조용히 엄마에게 말을 건다. "엄마, 이제는 편히 천국에서 쉬세요. 당신의 딸이 받은 사랑의 씨앗들을 아름다운 꽃으로 피워내고 있습니다. 이제는 제가 그 걱정을 기쁨으로 바꾸어 드리겠습니다."

살아계실 때 한 번도 말씀드리지 못했던 그 짧은 말 한마디를 그때는 왜 그리 어려워했을까. 이제야 가슴 깊이 울리는 이 마음을, 하늘나라에 계신 엄마에게 전하고 싶다. 비록 뒤늦은 고백이지만, 이 마음만큼은 꼭 하늘에 계신 엄마에게 배달해 드립니다.

"엄마!"
"엄마의 딸로 태어나 감사합니다. 그리고 사랑합니다."

no.22

### 해산
# 이석희

❏ 소개
1. 갈사교회 담임 목사(29년차 시무 중)
2. 고려신학대학원 및 미국 애틀란타
   Luther Rice College & Seminary D,MIN
3. 네이버 블러그: 최고사랑1번지
4. 시집: 함께 사랑 그대 곁으로
5. 수필: 나는 오늘도 사랑초꽃을 심는다
6. 2-300점의 그림

❏ 연락처
이메일: leeseoghee@naver.com

# 우리 아버지에 대해
# 이젠 감사할 수 있다

  우리 아버지는 덕수 이씨에 대해서 강조하셨다. 아버지는 덕수 이씨 13대셨다. 우리에겐 늘 덕수 이씨 14대이고 '무슨 파'라고 물어보면 '춘당공파'라고 하라고 하셨다. 친척 사촌 형제들이 오면 이순신 장군의 '한산도가' 시를 외우도록 하셨다. 못 외우면 야단맞았다. 꼭 외우도록 하셨다.

  그리고 집 마루 문지방 위에는 거북선 액자를 걸어두셨다. 이순신 장군의 후손이라 자랑스러우신 모양이었다.

  우리 할아버지의 할아버지 그 윗대는 전남 장흥에서 사셨다. 그러시다가 강진으로 오셨다가 전남 나주 다시면 복암리 강암마을 옆 새김마을에 사셨다. 이순신 장군의 후손이라 도망을 와서 산 밑에 남의 땅에 간단하게 집을 짓고 사신 것이다. 윗대 조상들은 독자, 독자, 독자 등이어서 후손들이 그리 많지 않았다.

  우리 아버지는 이순신 장군의 13대 손자였다. 일제강점기에 이순신 장군의 후손들은 잡아갔기 때문에 학교를 다니지 않았다. 숨어다니고 이순신 장군의 후손이란 말을 하지 못했다. 일제강점기에 장군의 후손들은 학교에 다니지 않았기 때문에 가난하고, 어렵고 힘들게 사셨다. 다행히 박정희 대통령께서 유비무환의 정신을 가르치며 이순신 장군을 존경하도록 하셨다.

아버지는 일제강점기에 아오지 탄광에서 팬티만 입고 일을 하셨다. 남들은 한 번 일하고 돌아오면 숙소에서 쉬는데 아버지는 불굴의 정신으로 바로 쉬지도 않고 일을 하려 탄광에 들어갔다. 그러다가 어느 해에 갱도가 무너져 매몰되어 죽을 뻔하다가 이틀 만에 극적으로 살아나셨다.

아버지가 아오지 탄광에서 고향에 오신 지 몇 해 있다가 해방이 되고 나서 6.25 전쟁이 일어났다. 전라도 지역을 인민군들이 장악하고 젊은 사람들은 인민군으로 훈련을 시키기 위해서 트럭에 태워 갔다. 아버지께서도 인민군들에게 잡혀 차에 태워져 가고 있었다. 아버지는 이 위기를 어떻게 극복할 것인지를 생각하고 나서 얼굴을 하얗게 만들고 트럭 바닥에 꺼꾸러져 "아니고, 배야." 하면서 거품을 내 품고 죽어가는 시늉을 하셨다.

한참 악을 쓰다가 죽어가는 시늉을 하니 차를 세우고 "이 사람 가다가 죽겠어! 동무들, 밖으로 내보내!"라고 말했고 사람들이 끌어내려 비포장도로 밖으로 놔두고 가버렸다. 아버지는 일어나서 옷을 털고 집으로 걸어가셨다.

우리 형제들은 머슴보다 더 많은 일을 했다. 아버지께서 어릴 때 그렇게 살았던 것처럼 우리에게도 일을 시킨 것이다.

겨울철에는 산 위에 밭이 있어서 거름, 퇴비 등을 지게에 지고 산으로 올라가서 밭에 내려놓고, 내려올 때는 솔가지 등을 지게에 지고 와야 했다. 겨울에 땔감으로 사용하기 위함이었다. 또 나는 불을 피워 소죽을 많이 쒀서 소에게 퍼주기도 했다. 그리고 밤에 부모님은 가마니를 짜고 우리는 새끼를 꼬아야 했다. 호롱불을 켜고 고사리 같은 손으로 최대한 가늘게 꼬기 위해 비벼야 했다. 잠도 오고 피곤하고 지쳤는데 새끼 깔 짚을 상당량 방에 놔두고 다 꼬고 잠을 자라고 하셨다.

어린 심정으로 참 갑갑한 일이었다. 너무 두껍게 새끼를 꼬면 바디구멍 속으로 들어갈 수 없다. 그래서 최소한 작게 비벼야 한다. 고사리손으로 열심히 해도 놔둔 짚이 그대로인 것 같았다. 그것을 다 꼬고 녹초가 되어 잠을 자고는 했다. 자식은 오직 일만 하는 하나의 머슴에 불과했다.

이렇게 특수 훈련을 받은 우리 칠 남매는 각처에 흩어져 살며 주어진 일터에서 최선을 다하여 좋은 결과를 낳았다. 모든 일에 성실하고 정직하게 일하고 열정을 가졌다. 직장에서나 어디서든 사람들에게 저력을 인정받았다. 지금은 형제들이 은퇴하고 살지만 덕수 이씨 우리 형제들은 아직도 하는 일에 열정을 갖고 열심히 일하고 있다.

이런 열정을 키워주신 아버지!

그땐 참 힘들고 고통스럽게 살았지만 나이 들고 보니깐 이젠 감사할 수 있다. 인생을 살아오면서 노년의 감사는 제대로 내린 결론이다. 혹독한 훈련을 그때는 감사할 수 없었지만, 그로 인한 삶의 저력을 얻었으니, 이것이야말로 대박이었다.

"아버지, 이제는 감사합니다."   - 2025.1.8. 수요일 오후 -

## no.23
# 엄일현

❏ 소개
1. 나연구소 홍보 담당
2. 새벽 기상 및 감사 리더
3. 전자책 1권, 종이책 3권 출간
4. 매일 나를 찾는 나
5. 글로서 나를 찾고 있는 나
6. 닉네임 : 엄모닝
7. 다양한 일들을 하고 있는 나

❏ 연락처
인스타그램: by_club

# 나로 살아가는
# 삶에 감사함

♥ ..................................

   2025년 새해 가슴이 벅차오른다. 따뜻한 방 안에서 진짜 나로 살아가는 삶에 감사하는 마음으로 하루를 시작한다.

   진정한 나로 살아간다는 것은 무엇일까? 내가 어디에 있는지, 어디로 가고 있는지를 아는 것이다. 진정한 나를 찾기 위해서 내 삶을 매일 돌아보고 있다. 이미 충분히 찾았고 또한 계속 찾아가는 삶에 감사하고 행복하다. 다양한 책을 보고, 내 삶의 경험과 지식이 쌓이고, 지금처럼 감사일기를 쓰면서 진정한 행복의 감정을 느끼고 있기에 참으로 감사하다.

   내가 내 삶에서 감사한 부분은 크게 3가지다.

    **첫 번째, 감사일기를 통한 성장에 감사.**
   매일 일찍 일어나서 루틴으로 먼저 새벽 감사일기를 쓰고, 또 하루 일상 감사일기도 나누어서 쓰고 있다. 매일 하루를 보내면서 나를 돌아보는 시간을 가지고 있다. 나로 살아가는 것이 처음에 힘들었지만, 지금은 예전에 비해 많이 좋아졌고 점차 나아지고 있다.

그리고 내 삶에 감사하는 것들을 찾고 내 생활에 필요한 아이디어도 생각할 수 있는 능력을 가졌기에 더 감사하다.

감사일기를 쓸 때는 진심으로 감사하다고 느끼는 것을 기록해야 하며 억지로 감사하려고 하지 않는 것이 중요하다. 꾸준히 작성하되 부담을 느끼지 않도록 자연스럽게 실천하는 것이 좋다. 예전에 비해 점점 더 감사하는 사람으로 변화되고 있다. 나를 더 알고 싶은 간절한 마음으로 다양한 책을 통해서 더 알아가고 있음에 감사하다.

### ☑ 두 번째, 나를 찾아가고 있음에 감사.

예전보다 현재가 더 많이 성장했다. 항상 내 모습과 더 나은 삶에 만족하고 더 잘하기 위해 노력하고 힘쓰고 있다. 그리고 더 많은 성장을 할 수 있는 밝은 미래가 보인다. 부정적인 생각보다 긍정적인 생각이 나를 더욱 성장하게 한다. 점점 더 나은 삶과 감사하는 마음으로 내가 좋아하는 일을 할 수 있어서 행복하다. 매일 조금씩 꾸준히 성장하고 있음에 감사하다.

이제는 나다움을 찾고 감사의 삶을 통해 나는 더 이상 외롭지 않다. 소중한 일상을 전하는 나눔의 삶과 감사의 마음으로 살아가기 때문에 행복하다. 자연스럽게 매 순간 성장하는 내 모습에 만족하며 더 나은 삶을 위해 노력할 것이다. 항상 꾸준함과 성실함으로 발전하는 모습과 더 좋아지는 내 모습이 좋다. 순간순간의 성장에도 감사하다.

☑ **세 번째, 성장하는 삶에 대한 감사**

내가 좋아하는 일을 하고 글쓰기와 책 쓰기를 통해 나를 찾는 삶에 감사하다. 글을 쓰면서 진정한 나 자신을 발견하고 나와 대화할 수 있어서 좋다. 글을 쓰면서 성장하는 내 모습에 행복하고 감사하다. 점차 내 아이디어가 많아지고 담대함으로 행복하게 살아가고 있다. 한 걸음씩 한 습관씩 나는 내가 원하는 삶을 만들어 가고 있다.

나를 위한 좋은 책들이 많아서 감사하다. 나 자신의 가장 잘하는 일이 있고, 할 수 있는 일들이 있어 감사하다. 나는 매 순간 노력하고 발전해서 더 나은 나로 성장시키고 행복하게 잘 살아갈 것이다.

감사하는 시간, 경제적 자유의 시간, 또 다른 변화와 성장하는 마음을 가지고 자신만의 속도를 달려갈 때 흔들림 없는 평온함을 유지한다고 한다. 오늘도 남들과 비교하지 않고 내 속도대로 잘 달려 나갈 것이다.

내 인생의 목표는 진짜 나 찾기, 나 인정, 나 긍정, 나 사랑, 나 성장, 나답게, 나다움, 나 연구를 통해 진짜 나를 찾는 것이다. 진정한 나로서 더 나은 삶을 위한 노력과 함께 할 것이다.

*나는 점점 나아지고 좋아지고 있다. 나는 나를 사랑한다. 내 주변 모든 사람에게 늘 감사하다.*

no.24

# 최형임

❏ 소개
1. 신세계합동녹취속기사무소 대표속기사
2. 신세계속기학원 컴퓨터속기 강사
3. 인천외국어학교 불어교사
4. 한국외국어대학교 불어교육대학원 수료
5. 서울여자대학교 불어불문과 졸업

❏ 연락처
1. 블로그: blog.naver.com 신세계녹취속기사
2. 네이버 검색: 최형임 속기사

# 있는 그대로 만족하는
# 나에게 감사

### 1. 근본에 대한 감사

나의 장점은 있는 그대로의 모습에 만족할 수 있는 점이라고 할 수 있다. 이러한 특성은 단 1%의 노력도 가미되지 않은 너무나도 선천적인 성향이라서 부모님께 감사한다.

가장 기본적으로 바꿀 수 없는 숙명. 내가 태어난 여기 대한민국이 자랑스러웠지만 지금 시국에서 그렇게 말하기는 좀 어렵다. 그리고 내가 자라온 서울이 좋고, 우리 부모님이 건강하게 낳아주시고 사랑으로 키워주심에 만족하고 형제자매 언니들 동생 등 모든 가족 구성원에 감사한다.

### 2. 범사에 감사

"형임아! 이거 선물이다"라고 하면서 대학 선배님이 건네준 감사 노트를 몇 년 전에 받은 후부터 매일매일 일상의 감사 의미를 배울 수 있게 되어 감사한다. 선배님이 내 인생의 귀인이라는 마음을 전달할 수 있게 마침 50인 공저 5편으로 『내 삶의 감사일기』라는 타이틀에 맞춰 이 글을 쓸 수 있게 되어서 또한 감사한다.

그간 하루에 세 가지씩 감사 노트를 쓰면서 일상생활의 고요한 흐름이 얼마나 소중하고, 그 소중한 일상의 유지는 내 주변 지인과 가족의 평강에 있음을 실감함에 감사한다.

### 3. 기쁜 마음에 대한 감사

기왕에 벌어진 일은 모두 다 헛되지 않고 그만한 이유가 있으므로 어쨌든 좋은 결과로 전환되도록 노력해야 한다는 이치를 깨달음에 감사하다. 내가 입학한 대학교 학과에 만족하고 최선을 다해 생활하면서 불어 공부를 넘어서 철학적인 입문까지도 하게 되었다. 살아가면서 맞이하는 고비마다 현명한 기준으로 삼을 수 있음에 감사한다.

관계 속에서 용서하고 용서받고, 미워하는 마음 없이 함께하는 지인과 가족을 그때그때 사랑할 수 있음에 감사하다. 오고가는 대화 속에 자랑으로 들리는 내용도 잘 경청하고 축하해 주면서 이것도 다 내 복이 되어 돌아올 것이라는 믿음으로 빙그레 미소 지으며 내면의 복을 쌓아가는 기술이 있음에 감사한다.

### 4. 고요한 마음의 평화에 대한 감사

인자의 선한 마음으로 함께 하는 사람이 있을 때나, 혼자 있을 때나, 마음에 잔잔한 평강을 유지하면서 여유로운 시간을 가질 수 있음에 감사한다.

새해 들어 성경 통독을 하루하루 실천하면서 묵상하는 나의 평온에 감사한다. 이른 새벽 가벼운 발걸음으로 새벽기도에 참석하여 가족과 지인들을 떠올리며 중보기도를 할 수 있음에 감사하다. 뒤늦게 시작한 미술 공부 잘한다고 부추겨주시는 선생님과 습작 수준의 내 작품이지만 멋있다고 사주는 가족·친지의 선의에 감사하다. 내년에 계획된 프랑스 여행을 하면서 불어를 좀 더 잘 알아듣고 활용해 보겠다는 목표로 꾸준히 불어 공부를 하고 있는 내 모습에 감사한다.

### 5. 기도 응답에 미리 감사

하나님 아버지께 온 마음 다해 기도함은 곧 이미 응답받았음을 미리 확신할 수 있는 믿음에 감사한다.

### 6. 예비하는 미래에 대한 감사

나는 철학적인 사람을 좋아하고 철학적인 감성을 좋아한다. 다시 청년 시절 대학교 원서 쓸 때 "어느 과에 가고 싶니?"라고 물어보면 '철학과 지망하고 싶어요'라고 말할 수 있을 만큼. 2지망으로는 신학, 엄청 고차원적인 학문이라고 생각하고 있었는데 잘하면 4년 내에 신학 공부를 1학기 만이라도 입문해 볼 수 있는 기회가 예비되어지고 있음에 감사한다.

### 7. 영원에 대한 감사

나의 시선이 영생의 삶을 진중하게, 겸손하게, 꾸준하게 영위하려는 마음의 연못을 투명하게 응시함에 감사한다.

## no.25

# 데보라

❏ 소개
1. For Me Skincare LA 원장
2. 친환경 K뷰티 메니져
3. 림프 관리 두피케어 전문
4. 건강림프 체조 강사
5. 환경 살리기 길거리 청소팀 창립 멤버
6. 파크골프 지도자 1급 자격증 보유
7. 전자책 (내 딸 명문대 보낸 싱글맘의 미국생활 외) 저자

❏ 연락처
1. 유튜브, 인스타, 스레드, 틱톡: @holeinonedl73
2. 이메일: holeinonedl73@gmail.com

# 나는 공순이다
# 그래서 감사하다

　미국에서 뷰티 사업을 하다가 제품 브랜딩을 하기 위해 20년 만에 한국에 오게 되었다. 요즘 미국은 K뷰티 K푸드 K음악이 인기다. 덕분에 나도 사업이 빠르게 성장했고 나만의 비법과 노하우로 2년 만에 손익 분기점에 도달하게 되었다.
　그 여세를 타고 나만의 제품 브랜딩을 위해 위풍당당하게 한국행을 선택한 것이다. 오랜만에 한국에 온 탓일까? 내가 상상한 그 이상으로 변해있어서 온 세상이 낯설었다. 하지만 그 기분은 잠시였다.
　집은 압류된 상태이고 가는 곳마다 수많은 독촉장이 나를 기다리고 있었다. 태어나 처음으로 나의 인생이 부끄럽다는 생각이 들었다. 미국에서 그토록 애틋했던 그리움과 설렘은 온데간데없고 앞으로 수습해야 하는 상황들이 눈앞을 가로지르고 있었다. 공기, 물, 바다, 산, 꽃, 나무, 분명 많이 달라져 있었는데 순간 안개처럼 사라져 버렸다. 가족들이 맛있는 음식도 사주고 좋은 곳도 데려가는데 맛도 색깔도 감정도 모두 잃어버렸다. 아무도 눈치 주거나 힘들게 하지 않는데 나 혼자 갈팡질팡하기를 반복하고 있었다.

영혼 없는 생활을 얼마쯤 했을까? 어느 날 후배가 창원공단에 주야 교대 근무하는 회사를 소개해 주는데 1초의 망설임도 없이 지원서를 접수했다. 몇 날 며칠을 뷰티 관련 사업에 이력서를 넣었지만, 미국에서 받은 자격증을 인정해 주지 않아 취업이 되지 않았다. 월급이 적어도 빚을 갚기 위해 돈을 벌어야 하는 나에게는 한 가닥의 큰 희망이었다.

　주간만 하는 것보다 야근하면 월급이 2배가 된다고 했다. 말 그대로 공장에서 일하는 공순이다. 다행히 고등학교 졸업 후 잠시 전자부품 조립회사에 일한 경력이 있었던 이유인지는 몰라도 입사 면접에 합격했다. 나를 선택해 주신 회사 임원들에게 감사의 눈물을 담아 드리고 싶었다.

　같이 한 팀이 되어서 일하던 동료들이 미국서 나온 지 얼마 안 된 어리바리한 나를 일에 집중할 수 있도록 많이 도와주었다. 아무도 내 속사정을 모른다. 잔업도 한 번도 안 빠지고 토요일, 공휴일 특근도 무조건 할 수 있었다. 평소에 좋아하던 술은 입에도 안 대었고 예쁜 옷에 진심이라 쇼핑도 좋아하는데 아예 바깥출입조차도 안 했으며 심지어 그렇게 좋아하는 골프도 큰마음 먹고 멈추었다.

　거의 7개월을 다람쥐 쳇바퀴 돌 듯 오직 회사에만 충실했다. 하지만 행복했다. 살맛 나는 세상이었다. 감사의 노래가 저절로 나왔다. 아무도 나보고 공순이라 부르지 않는다. 그러나 나는 공순이다. 그래서 감사하다.

　미국서 나온 지 거의 1년 만에 1억이 훨씬 넘는 빚을 지혜롭게 잘 갚게 되었고 나를 힘들게 했던 산더미 독촉장은 엄마의 시골집 아궁이에 땔감으로 던져 버렸다. 무리하게 일한 탓에 몸이 천근만근이었을 때도 있었지만 텅 빈 독촉장 바구니를 보면 나도 모르게 입꼬리가 올라갔다.

이제 나는 다시 비상할 거다. 한국에서 하려고 한 일이 있으니 다시 시작할 것이고 포기하지 않고 끝까지 해내는 나만의 고집을 앞세워 반드시 해 낼 것이다. 살다가 힘든 순간이 오면 나의 공순이 시절을 생각하며 견딜 것이다.
그게 나를 선택해 준 회사에 대한 보상이고 인생의 쓴맛 앞에서 무너지지 않게 도와준 가족들과 함께 일한 나의 회사 동료들에게 보내는 나의 작은 선물이다.

어느 날 회사에서 퇴사하고 시골집 옥상에 올라가니 공기가 다시 느껴지고 새들의 노랫소리가 들리며 바다에는 은갈치 색 아지랑이가 떠올랐다. 그때 서야 금오산 단풍이 보이기 시작했다.

'저 산은 내게 우지 마라 우지 마라 하네~'

no.26

# 조미라

❏ 소개

1. 성남지역사회 교육협의회 체험학습강사
2. 보완대체의학박사
3. 소루힐링대체요법센터실장

❏ 연락처

이메일: jojoya3804@naver.com

# 남편의 묵묵한 응원,
# 나의 원동력

······························

다름 속에서 피어난 감사

　남편과 나는 참 많이 다릅니다.
　결혼 후 서로의 차이를 이해하고 받아들이기까지 오랜 시간이 걸렸습니다. 30년이 흐른 지금에서야 서로의 다름을 인정하며 살아가지만, 남편은 여전히 그 다름을 품기 위해 노력하고 있습니다. 그런 남편이 고맙고, 감사할 뿐입니다.

　저는 평범한 가정에서 자랐습니다. 남자 형제들 틈에서 씩씩하게 자랐고, 걱정 없이 살아왔습니다. 하지만 남편은 달랐습니다. 아버지를 일찍 여의고 형제자매들과 어려운 환경 속에서 자랐습니다. 생계를 위해 끊임없이 일하며 삶의 모든 순간을 걱정 속에 보냈던 사람입니다.

　이런 서로 다른 삶의 배경은 결혼 후에도 생활 속 곳곳에서 드러났습니다. 저는 즉흥적이고 열정이 생기면 바로 도전하는 스타일입니다. 반면, 남편은 항상 계획을 세우고 신중하게 목표를 설정한 뒤에야 실행에 옮깁니다. 이 차이는 대학원 진학을 두고도 부딪혔습니다. 저는 배우고 싶은 마음 하나로 시작하려 했지만, 남편은 왜 가야 하는지, 졸업 후 무엇을 할 것인지부터 따져 물었습니다. 그의 계획적이고 실질적인 태도가 처음에는 낯설었지만, 시간이 지나면서 많은 것을 배울 수 있었습니다.

남편은 성실하고 꼼꼼한 사람입니다. 일뿐만 아니라 집안일에서도 완벽을 추구했습니다. 그런 남편에게 맞추려 애쓰던 저는 어느 순간 지쳐버렸습니다. 그래서 솔직하게 말했습니다.
"당신처럼 완벽하게 할 수는 없어. 대신 내 방식대로 최선을 다할게."

그 이후로 저는 제 방식대로 가정을 돌보며 관심사를 찾아 공부를 시작했습니다. 특히 노후 건강과 자립에 관심을 가지며 건강 관련 학문을 배우기 시작했습니다. 친정에 내려가 공부를 이어가야 했을 때도, 남편은 묵묵히 저를 지켜보았습니다.

그동안 집안은 남편의 세심한 손길로 유지되었습니다. 그는 퇴근 후에도 정리 정돈과 집안일을 도맡으며 저의 자리를 대신했습니다. 물건들이 자기 자리를 찾는 모습을 볼 때마다 그의 노력이 느껴졌습니다. 이런 환경 덕분에 저는 학업에 집중할 수 있었습니다.

큰 딸은 직장 생활로, 작은딸은 대학 기숙사 생활로 바빠 크게 손이 가지 않았지만, 집안일은 여전히 남편의 몫이었습니다. 내가 집에 오는 주말만 잠깐 벗어날 수 있었습니다. 퇴근 후 지친 몸으로도 집안을 돌보며 내가 없는 자리를 더 완벽하게 해내는 남편을 보며 미안함과 감사함이 교차했습니다.

남편은 늘 묵묵히 제 선택을 지켜보며 기다려주었습니다. 이런 모습이 제게 안정감을 주었고, 결국 학위를 받을 수 있도록 도와주었습니다. 다름이 있었기에 우리는 서로에게 배울 수 있었고, 함께 성장할 수 있었습니다.

"당신의 배려와 사랑에 감사합니다. 함께한 시간이 있어 참 다행입니다."

no.27

# 문선화

❏ 소개
1. 희망이룸 대표
2. NCS기반 취업지도 전문강사
3. 소상공인시장 진흥공단 사업정리컨설턴트
4. 희망리턴패키지 재취업특화교육 전문강사
5. 광주교육청 취업진로 전문 강사
6. 고용센터 구직자취업역량강화 프로그램 전문강사
7. 대한 웰다잉협회 웰다잉 전문강사
8. KODA 생명존중 생명나눔 전문강사

❏ 저서
1. 경단녀에서 N 잡러까지
2. 내 삶을 바꾼 귀인(베스트셀러 옴니버스 공동저서)
3. 내 삶의 감사일기(베스트셀러 옴니버스 공동저서)

❏ 연락처
네이버 검색: 문선화

# 지천명을 알아가는 삶에 대한 감사

"선생님 아니었으면 떨어졌을 거예요. 선생님 덕분에 합격했습니다. 두 명뿐이어도 합격하도록 최선을 다해 도와주시는 모습에 더 열심히 준비했어요. 선생님처럼 누구에게라도 성심을 다하는 그런 어른이 되겠습니다."

어제 OO 기업에 최종 합격한 청년 구직자가 내게 보내준 문자 메시지이다. 나와 같은 어른이 되겠다는 청년의 말을 들으면서 오늘도 한 청년을 살렸음에 감사드린다.

'죽는 날까지 몸을 움직여서 일을 해야 한다는 것과 일을 대하는 태도를 중하게 여기는 것'이 아버지의 신조셨다. 대패질 하나에도 정성을 다하는 모습에서 사람을 대하는 태도를 배웠다. 그래서 내가 오늘 구직자 청년에게 나와 같은 사람이 되겠노라는 너무나 감사하고 소중한 말을 듣나 보다.

녹내장으로 인해 한쪽 시신경이 없었지만 92세로 돌아가시기 석 달 전까지도 책을 손에서 놓지 않으셨던 아버지가 해주신 말은 *"끝까지 공부해라. 92세가 되어도 배울 것이 있었다."*

였다. 아버지를 뵐 때마다 돋보기를 들고 한 쪽 눈으로 책을 읽는 모습으로 인해 다시금 책을 손에 들게 되었다. 잠자리에 들면서도 무의식이라도 들을 수 있도록 오디오 북을 틀었고, 새벽에 일어나서는 다른 강사들의 유튜브 강의를 들으면서 최신 트랜드를 파악하고 강의 기법과 강의 내용을 벤치마킹하며 공부하고 있다. 나를 만나는 구직자들에게 맞춤형으로 더 나은 정보를 주려는 나의 노력과 열정이 취업하려는 구직자들을 감동하게 하고 동기부여 되기를 바라는 마음이다.

  구직자들은 내가 일하는 것이 즐거워 보인다고 한다. 그리고 자신들도 무엇을 하면 즐거울 것인지를 생각하고 찾으며 무엇을 해야 하는지를 더 구체적으로 탐색하기 시작한다. 적어도 무엇을 해야 할지 방향을 못 찾는 사람들에게 방향성을 보여줄 수 있는 나침반의 역할을 하고 있다. 하늘이 준 나의 천직을 잘 찾아 올바르게 사람들을 도울 줄 알게 되었음에 오늘도 감사드린다.

  공자님께서 나이 50이면 비로소 하늘의 뜻이 무엇인지 아는 것을 지천명이라 했던가? 내게 일어난 많은 일들 속에서 하늘이 내게 말하고자 하는 것이 무엇인가를 끊임없이 생각하고 성찰했다. 나에게 온 슬픔과 고통 하나에도 나를 성장하게 하려는 하늘의 뜻이 있었다. 말 그릇이 예쁜 사람을 보면서 나도 저렇게 말 그릇을 예쁘게 하라는 뜻이 있었다. 사람들에게 신세 지는 것을 싫어했던 나에게 누군가의 작은 희생이지만 크게 받아들이는 사람을 보면서 고마움을 받을 줄 아는 사람이 되는 것도 중요함을 알게 되었다.

내 일을 그만두게 한 사람을 통해 나도 내가 모르는 사이에 누군가에게 그렇게 상처를 주었다는 것을 알게 되었다. 그래서 진심으로 내가 피해를 준 사람을 위한 기도를 하게 되었다. 말이 많은 사람을 보면서 말을 줄이라는 신호로 해석했다. 분노심이 일어나는 것을 보며 그 분노가 어디에서 오는 분노인지를 분별하려는 노력을 통해 현재의 분노가 아닌 과거로부터 오는 분노임을 깨달았다. 그 분노가 시작되는 원점으로 되돌아가 나의 분노를 바라보면서 자꾸 화내는 마음을 줄여보기도 했다.

이렇게 일상의 모든 것들 속에서 하늘이 무엇을 말하고자 하는지를 바라본다. 그렇게 내게 오고 가는 수많은 사람을 통해 성찰하고 배우며 비로소 부족한 나를 성장하게 하려는 하늘의 뜻이 있음을 나이 50에 들어서야 알게 되었다.

매 순간 하늘이 준 내 인생을 잘 알아차려 주인공으로 살도록 내 옆을 오고 가며 나를 일깨워 준 수많은 사람에게 진심으로 감사드린다.

no.28

# 정원임

❑ 소개
1. 글로벌미래교육원 대표
2. 재능환전소 대표
3. 학습코칭 전문가
4. 오프라인 강의 500회 이상
5. 학습코칭 전문 강사 20명 이상 배출
6. 전자책 2권 출판
7. 닉네임: 디노 나르샤

❑ 연락처
1. 네이버 검색: 정원임
2. 유튜브 검색: 재능발굴소

# 성장과 나눔을
# 실천하는 감사

사기를 당한 후, 모든 것이 무너지는 듯한 시간을 보냈습니다. 나 자신에게 느끼는 분노와 세상에 대한 원망이 한없이 커지던 그 순간, 제 안에서 작은 불씨처럼 뜨거운 욕구가 솟구쳤습니다.

'재기해야 한다.'

이 목소리는 나를 향한 애정이었고, 다시 살아갈 이유를 찾으라는 내면의 외침이었습니다. 하지만 무엇으로 재기해야 할지 막막하기만 했습니다. 깊은 고민 끝에 내린 결론은 학습코칭 강사가 되는 것이었습니다. 사람들에게 배움의 길을 열어주고, 더 나은 미래를 만드는 데 도움을 줄 수 있다면, 나 또한 성장하며 다시 일어설 수 있으리라는 희망이 생겼습니다. 목표가 정해지자, 마음속에는 이상한 설렘이 피어났고, 나는 그 설렘을 동력 삼아 나가기 시작했습니다.

학습코칭 강사가 되기 위해 수많은 자기 계발을 했습니다. 밤낮없이 나 자신을 갈고닦았습니다. 처음에는 두렵고 낯설었지만, 새로운 지식을 배우고 실천하면서 조금씩 성장하는 나를 발견했습니다. 그 과정에서 자존감이라는 선물이 제게 찾아왔습니다. 이전의 나와는 다르게, 나는 내가 할 수 있는 일들에 대한 믿음을 가지게 되었습니다.

자기 계발은 단순히 기술이나 지식을 배우는 것을 넘어서, 나 자신을 이해하고 돌아보는 과정이 되었습니다. 강의를 준비하고, 학생들과 소통하며, 나의 역할이 그저 지식 전달자가 아니라는 것을 깨달았습니다. 나는 학생들의 변화를 돕는 조력자였고, 그들의 성장이 곧 나의 성장으로 이어졌습니다. 매일의 작은 변화가 모여 지금의 나를 만들어 주었음을 실감했습니다.

성장과 함께 경제적으로도 조금씩 안정을 찾기 시작했습니다. 재정적인 여유가 전부는 아니지만, 삶의 균형이 조금씩 맞춰져 가는 것을 느꼈습니다. 그리고 그 안정 위에서 더 큰 꿈을 꾸기 시작했습니다. 나의 재능으로 사회에 공헌하고, 사람들에게 긍정적인 영향을 미치는 삶을 살고 싶다는 열망이 생겨났습니다.

물론 여전히 해결해야 할 부채가 있고, 풍요롭다고 말할 수는 없는 삶을 살고 있습니다. 하지만 봉사는 물질적인 풍요에서만 오는 것이 아니라는 것을 깨달았습니다. 지금 내가 가진 것, 그리고 나 자신을 나누는 것으로도 충분히 가슴 벅찬 행복을 느낄 수 있다는 사실을 배웠습니다.

가끔은 과거의 상처가 떠오르기도 합니다. 하지만 그 상처를 통해 배운 것들이 오늘의 나를 단단하게 만들어 주었음을 믿습니다. 어려움 속에서 배운 인내와 회복력은 지금의 나를 지탱하는 큰 힘이 되었습니다. 그 덕분에 나는 더 높은 목표를 세우고, 더 많은 이들에게 도움을 줄 수 있는 사람이 되고 싶다는 꿈을 키울 수 있습니다.

지금의 나는 사기를 당했던 그 순간의 나와는 다른 사람입니다. 아픔을 딛고 일어나, 스스로 목표를 정하며 새로운 재기에 성공한 나 자신에게 진심으로 감사한 마음을 전하고 싶습니다. 여전히 부족한 부분도 많고, 가야 할 길도 멀지만, 지금, 이 순간을 살아가며 느끼는 행복에 감사하며, 더 나은 내일을 만들어가려 합니다. 과거의 상처마저도 오늘의 나를 이루는 소중한 자양분이 되었음을 기억하며, 제 인생의 새로운 장을 열어준 감사의 기적에 깊은 감사를 보냅니다.

삶은 언제나 예측할 수 없는 방향으로 흐릅니다. 하지만 그 흐름 속에서 자신을 잃지 않고, 앞으로 나아갈 수 있는 힘을 주는 것은 바로 감사라는 것을 알았습니다. 감사는 내게 희망의 씨앗이 되었고, 그 씨앗은 지금 내 삶에서 작지만, 확실한 행복으로 피어나고 있습니다. 이 작은 씨앗들이 모여 더 큰 숲을 이루기를 꿈꾸며, 오늘도 나의 길을 묵묵히 걸어갑니다.

no.29

# 장선희

❑ 소개
1. 책읽기와 글쓰기를 좋아하여 전공이 되었습니다.
2. 학교에서 40년 가깝게 근무하고 은퇴하였습니다.
3. 저만의 시간으로 책읽기와 글쓰기에 전념하고 있습니다.
4. 글을 통하여 SNS 매체로 소통하고 있습니다.

❑ 연락처
1. 네이버 블로그: https://blog.naver.com/shchang7584
2. 브런치: https://brunch.co.kr/@sunnychang

# 소유의 감사에서
# 존재의 감사로

 나는 이제야 비로소 감사의 본질에 다다르게 되었다는 생각이 든다. 소유에 대한 감사가 아니라 존재에 대해 감사를 하게 된 것이다. 지금 나의 감사는 무엇을 가졌는가에 대한 감사가 아니라 어디서 무엇을 하든 그 시간에, 그곳에 내가 있다는 것에 대한 감사이다.

 바라는 것보다 뒤돌아볼 것이 많아지는 때가 되어서야 소유욕의 거미줄에서 벗어나 태어날 때의 본질 속으로 들어가는 것 같은 느낌을 받는다. 나이가 들면 안 좋은 것, 나쁜 것만 많아지고 좋은 것은 하나도 없다고들 이야기한다. 정말 그런 걸까? 물론 그렇다. 가장 많이 느끼는 것이 몸이 예전처럼 움직여 주지 않는 것이다. 젊었을 때 몸은 당연히 내 생각과 일을 위해서 있는 것으로 생각했다. 그런데 요즘은 무엇을 하고 싶어도 '몸이 해 줄 수 있을까?'라며 내 몸이 가능한지를 먼저 생각한다. 하고 싶은 것이 있어도 무조건 덤벼들 수 없는 때가 되어 버렸다.

나는 광활한 우주 속에 모래보다 작은 내가 존재한다는 것에 감사한다. 무생물이 아니라 살아있는 생물로, 보고 느끼고 생각하고 소통할 수 있는 존재로 존재한다는 것이 황홀하다. 우주가 얼마나 크고 거대한지 잴 수 없지만, 이 광활한 우주 속에 내가 있다는 것이 신기하지 않은가. 수많은 생물체 중에 인간으로 존재하는 것이 신기하지 않은가. 지금까지 숨 쉬며 살아온 것이 신기하지 않은가. 나는 날마다 감사한다. 이 광활한 우주 속에 나를 존재하게 해 준 절대자에 대해.

  나는 시간에 대해 감사한다. 태초 이래 유구한 역사의 한 지점에 내가 있다는 것이 신기하다. 젊었을 때는 시간이 항상 부족해서 쫓기고 허덕였다. 자연인으로 돌아오니 시간은 오로지 내 것이 되었다. 강제적인 시간보다 임의로 사용할 수 있는 시간이 많아졌다. 유한한 존재이지만 역사의 어느 한 시점에 존재한다는 사실만큼 가슴 벅찬 감사가 있겠는가. 현재를 살아가고, 과거를 돌아보고 미래를 바라볼 수 있는 도상에 있는 존재라는 것을 깨달으면서 살 수 있다는 것만큼 가슴 벅찬 감사가 있겠는가. 나는 날마다 감사한다. 이 유구한 시간 속에 나를 존재하게 해 준 절대자에 대해

  나는 나와 관계를 맺고 있는 사람들에게 감사한다. 젊은 시절에는 사람들이 부담스러웠다. 그런데, 요즘 나는 나와 관계를 맺고 있는 사람들이 고맙다. 나를 낳아주어 이 세상에 존재하게 해 준 부모님께 절대적으로 감사한다. 부모님 덕분에

내가 지금 여기에 존재한다는 것을 자각하면서 부모님의 은혜에 크게 감사하게 되었다. 그 감사를 너무 늦게 깨달았다는 것이 안타깝지만 나 역시 부모가 되고 보니 부모란 결국 그런 존재로구나 하는 생각을 하게 된다.

나는 나를 부모 되게 해 준 자식들에게도 감사한다. 세상에 부모 자식으로 만날 수 있는 사람들이 얼마나 되겠는가. 관계 중에서도 가장 특별한 관계가 부모 자식 관계일 것이다. 나를 부모가 되게 해주고 부모의 역할 때문에 성장하게 해 준 자식들에게 감사한다.

나는 여러 가지 인연으로 관계를 맺은 사람들에게 감사하다. 한때는 그들로 인해 아프고 속상하고 괴로웠지만, 그들 때문에 기쁘고 즐거웠던 때가 더 많았음을 기억하면서 감사하게 되었다. 나를 둘러싼 모든 사람으로 인해 성장과 성숙이 이루어지고 아픔이 기쁨이 되었음에 감사한다.

나는 감사할 줄 아는 사람이 되어가는 나에게 감사한다. 감사가 많아질수록 나의 삶은 더 풍요로워지고 아름다워질 것이다. 감사할 줄 앎으로 점점 더 멋진 내가 되어갈 것이다. 소유로 인해 감사하는 것이 아니라 존재로 인해 감사하게 되는 내가 뿌듯하고 대견하다.

no.30

# 남궁인정

❏ 소개
1. 동신대학교 사회복지학과 졸업
2. 초당대학교 산업대학원 상담심리학 석사
3. 전남대학교 행정대학원 사회문화복지정책학 석사
4. 사회복지사 1급, 진로상담사
5. 현)새로운 도약 희망찬 함평군 공무원

❏ 연락처
핸드폰: 010-2845-5961

# 함께하는 기쁨!
# 도전하는 삶에 감사

❤️ ......................................

　햇살이 따스하게 비추는 어느 겨울 주말 오후, 집 주변의 한 카페를 찾았다. 카페 창 너머 멀리 보이는 풍영정천의 철새 친구들이 한가로워 보인다. '물속은 따뜻할까? 물속에서 무엇을 잡았을까?' 이런 작은 모습에도 여유를 가질 수 있다는 마음이 있기에 행복하고 감사하다.

　'살아가면서 진정한 행복은 어디에서 오는 것일까?' 자고 일어나 눈을 뜰 때 감사의 중요성을 많이 느낀다. 도전과 열정은 자기만족을 느끼고 자기만족은 성공과 행복을 갖게 한다. 진정한 행복은 끊임없는 도전 속에 얻어지는 결실이라고 생각한다.

　내가 내 삶에 감사하는 부분은 크게 3가지다.

　 **첫 번째. 가족과 함께여서 행복하고 감사.**

　가족은 내 삶에서 가장 큰 축복이다. 가족과 함께한 순간들은 소중하며 서로의 존재가 큰 힘이다. 나에게는 가족밖에 모르는 바보 남편과 서른이 넘어서도 아이같이 순수한 마음을 가진 아들, 무엇이든지 자신감을 가지고 행동하는 딸이 있다. 딸은 그림을 그리며 세계를 디자인하는 작가가 되고 싶어 한다. 늘 새로움에 도전하고 경험하며 성취하고자 하는 이런 딸이 있어서 참 행복하다.

　삶이 고통스럽고 불행했던 시절도 있었다. 건강하게 잘 자랐던 아들이 어느 날 다른 아이들과는 다른 행동을 했다. 원인을 찾기 위해서 수없이 이곳저곳 찾았지만 해결할 수 없었고 눈물 또한 마르지 않았다. '우리 가족에게 왜 이런 아픔과 고통을 주는지?'라는 생각에 내 마음은 늘 분노가 가득하고 우울했다. 또한, 세상의 모든 사람은 행복하고 우리 가족만 불행하다는 생각이 들었다. 어느 날 우리는 아들을 위해, 가족이라는 공동체를 위해 간절한 기도를 했다. 아픔과 고통을 극복하지 않으면 가족이라는 공동체는 무너지고 희망이 없음을 알았다. 이제 아들은 가족이라는 공동체에서 서른한 번째의 삶을 살며, 세상을 거짓 없이 순수하게 자신에게 주어진 일에 최선을 다하며 누구보다도 열심히 살고 있다. 이런 모습을 보면서 삶에서 의미 없는 것은 하나도 없음을 느낀다. 힘든 날에도 따뜻한 위로의 말을 건네주는 가족, 그들의 사랑을 지켜주고 싶다. 함께 웃고 이야기하며 기쁨을 나누는 가족과 함께여서 정말 행복하고 더 감사하다.

　☑ **두 번째. 성장의 기쁨을 누릴 수 있는 내 모습에 감사.**

　나의 첫 직장 생활은 스무 살이 되기 전 서울에서 시작되었다. 환경이 아주 열악한 전자부품을 생산하는 작은 회사였다. 어느 날 이런 환경의 지속된 삶은 희망이 없고 불행할 것 같은 생각에 출근하지 않았다. 이때부터 새로운 도전은 시작되었다. 누군가가 말했다. "사람은 환경에 큰 영향을 받는다고"

그래서 더 나은 삶을 위하여 힘든 순간에도 포기하지 않고 끊임없는 도전과 노력으로 나를 변화시켰다. 덕분에 지금의 일을 할 수 있어 보람을 느끼며 나는 성장하고 있다.

나는 여전히 무엇인가 꿈꾸고 배우고 경험하고 있다. 무지에서 오는 겸손함을 실천하려는 노력이 더 나은 내일을 만들어 가는 중요한 과정임을 알았다. 어두운 터널에서 어려운 순간 벗어날 길이 보이지 않더라도 새로운 도전과 경험은 나를 성장하게 하고 만족감을 느끼게 한다. 그래서 성장의 기쁨을 누릴 수 있는 내 모습에 매우 감사하다.

☑ **세 번째. 배우고 도전할 수 있음에 감사.**

새로운 것을 배울 수 있도록 기회를 얻는다는 것은 나의 큰 기쁨이다. 석사학위까지 이십육 년의 시간, 배움의 도전은 내 삶을 풍요롭게 했다. 나의 이십 대는 대학을 진학한 친구들을 부러워하며 직장 생활을 했다. 어느새 삼십삼 년이 지나고 있다. 내가 하는 일은 지역 사회의 주민들에게 보건·의료 정책을 추진하는 것이다. 마을을 찾아다니며 어르신들의 눈과 귀가 되어주고 행복해하는 그들의 모습에서 성취감과 보람을 얻는다.

내 인생의 목표는 '끊임없이 배우고 도전하며, 삶에 최선을 다하는 것이다.' 이 목표는 좋은 환경에서 직장 생활을 하고 싶은 열망에서 세워진 목표이다. 덕분에 지금은 이 모든 목표를 이루며 살고 있다. 이런 나를 친구들은 부러워하고 가족들은 늘 응원한다. "인생에서 배움과 도전은 행복한 삶"이라고 말하고 싶다.

## 내 삶의 감사일기

## 4장. 오늘 하루는 선물입니다

| | |
|---|---|
| **31. 김지영**<br>오늘 하루는 선물입니다 | **32. 한기수**<br>사랑은 양보다 질이다 |
| **33. 김혜경**<br>엄마로 살아가는 감사 일상 | **34. 박해리**<br>진심으로 감사가 우러나는 삶 |
| **35. 최찬희**<br>감사, 매사에 감사한 말 | **36. 세 라**<br>사랑하는, 당연하지 않은 것들 |
| **37. 오순덕**<br>나의 행복한 제2의 인생 | **38. 최민경**<br>삶을 변화시키는 에너지 : 감사 |
| **39. 한민정**<br>고마운 사람들, 감사한 인연들 | **40. 최윤정**<br>나의 인생을 바꾼 감사한 사람 |

no.31

# 김지영

❏ 소개
1. 따뜻한 마음과 열정이 넘치는
2. 도전과 성장에 대한 갈망이 큰
3. 전) 13년간 초등학교 컴퓨터 특기적성 강사
4. 전) 교도소 정보통신 출강
5. 현) 13년간 유치원 교사 & 유아교육 석사
6. 28년차 육아맘
7. 공저 '내 삶을 바꾼 책', '내 삶의 산전수전'
   '내 삶을 바꾼 귀인'

❏ 연락처
블로그: https://blog.naver.com/papayakim

# 오늘 하루는
# 선물입니다

"주님, 감사합니다. 접시를 닦을 수 있어서, 거품 속 무지개를 볼 수 있어서, 눈 속을 날아가는 참새를 볼 수 있어서 감사합니다."

보르그힐드 달(Borghild Dahl)의 〈나는 보고 싶었다〉에 나오는 이 문장은 한쪽 눈만 보이는 저자가 남은 시력을 잃을지 모른다는 두려움 속에서도 작은 것들에 감사하며 살아간 이야기를 담고 있다. 그는 미세하게라도 볼 수 있는 것에 감사하며 세상에서 가장 아름다운 장면들을 눈에 담으려 애썼고, 매일 감사기도를 드렸다.

우리는 삶 속에서 특별한 사건이나 이벤트 같은 순간들을 기대하며 살아간다. 하지만 어쩌면 가장 소중한 하루는 '가족과 함께 먹는 아침밥', '산책 중 즐기는 커피 한 잔', '편안한 침대에서 읽는 책'처럼 아무 문제 없이 흘러가는 평범한 일상이라는 생각이 든다.

남편이 사고를 당하기 전까지만 해도, 나는 사고와 재난은 TV 속 이야기일 뿐 내 삶과는 무관하다고 여겼다. 그러나 그것은 생각보다 가까이 있었다.

두 달 전, 남편은 도봉산 다락능선을 산행하다 자운봉 6~7부 능선 부근에서 쉬던 중 어지럼증을 느끼며 뒤로 넘어져 30미터 아래로 굴러떨어졌다. 불행을 직감한 남편은 추락하며 생존을 위해 바위에 손목과 손바닥을 부딪쳐 속도를 줄였다고 한다. 사고 후 손바닥과 손끝이 피딱지로 덮여 긴박했던 순간을 증명하고 있었다. 멈춰 선 곳 아래는 끝도 보이지 않는 절벽이었다. 사고 당시 함께 산행하던 동료가 재빨리 119에 신고하고 헬기를 요청한 덕에 목숨을 건질 수 있었다.

  남편은 고관절, 갈비뼈 8개, 허리뼈, 손목, 정강이뼈가 골절되는 중상을 입었다. 특히 고관절의 심한 골절로 장기가 밀려나 과다 출혈 상태였으며, 복강 내 출혈로 생명이 위태로웠다. 헬기가 조금만 늦었다면 골든타임을 놓쳐 목숨을 잃었을지도 모를 응급상황이었다.

  의정부 성모병원에 도착한 뒤, 헬기에서 내려온 남편의 모습은 긴박했던 순간을 고스란히 보여주었다. 온몸에 낙엽이 얽힌 채 수술실로 들어가기 전, 그는 극심한 고통을 참아내며 두 엄지손가락을 들어 올렸다. 나와 아들에게 '괜찮다, 살아있다, 반드시 돌아오겠다'는 의지를 보여주는 감동의 순간이었다.

  '뼈가 부서지는 고통 속에서 얼마나 힘들었을까?'
  '추운 곳에서 헬기를 기다리며 얼마나 외롭고 두려웠을까?'
  마지막이 될지도 모른다는 생각에 만감이 교차했다. 두려움과 허전함, 무거운 마음으로 집에 돌아와 남편의 베개를 붙들고 밤새 울었다.

만약 내 인생이 영화라면, 나는 이 이야기를 감히 해피엔딩이라 말하고 싶다. 남편의 오랜 친구이자 손해사정사인 지인은 남편의 초기 소견서를 검토한 뒤 "*중요한 부위는 다치지 않았고 후유장애도 없을 것*'이라며 "*이건 정말 기적 같은 천운*"이라고 말했다. 그 말은 우리에게 큰 위안이 되었다.

현재 남편은 여섯 번의 수술을 받고 재활 치료를 누구보다 열심히 하고 있다. 그는 휠체어나 워커를 이용해 혼자 움직일 수 있을 정도로 회복했으며, 다시 태어난 인생이라며 앞으로 남은 삶은 봉사하며 살겠다고 다짐했다.

이번 일은 우리 가족에게 더 큰 세상을 바라보는 감사의 마음을 배우게 해준 계기였다.

"*내 신체에 감사하는 것이 자신을 더 사랑하는 열쇠임을 비로소 깨달았다.*"라는 오프라 윈프리의 감사 명언처럼, 매일 아침 눈을 뜨고 숨을 쉬는 모든 순간이 내 몸이 주는 선물임을 느낀다. 걸을 수 있는 다리, 사용할 수 있는 두 팔, 볼 수 있는 눈, 들을 수 있는 귀, 냄새를 맡을 수 있는 코, 말하고 먹을 수 있는 입, 그리고 생각할 수 있는 머리까지. 이 모든 것이 백만 달러보다 소중한 축복이며, 매일이 감동과 감사의 연속임을 깨닫게 되었다.

"*감사하고 감사하면 감사할 일이 생긴다.*"라는 끌어당김의 법칙처럼, 내 삶에 감사와 기쁨을 받아들이기 시작하면서 사소한 일들은 흘려보낼 수 있게 되었다. 일상에서 우선순위를 명확히 하고, 무리한 욕심과 탐욕에서 벗어나게 되어 감사하고 행복하다.

no.32

# 한기수

❏ 소개
1. 한국남성행복심리상담연구소 대표
2. 여여나무연구소 국장
3. 방과후 전래 놀이 전문강사
   2년간 5학교 방과후 강의 진행 중
4. 체육전문 강사
5. 개인시집 전자책 시집 2권(1집 베스트셀러등극)
6. 옴니버스 시리즈 50인 공저
   1편~3편 (베스트셀러 등극)
7. 한국작가협회 김해지부 준회원

❏ 연락처
1. 블로그: https://blog.naver.com/rltn1334
2. 네이버 검색: 한기수 / T: 010-3920-3481
3. 한국남성행복심리상담연구소 무료 상담하고 있습니다.
   부부상담, 남성전문상담, 성예방상담, 청소년상담, 성상담

# 사랑은
# 양보다 질이다

내가 받지 못한 만큼 안아 주고 싶었다. 힘들게 살아온 날들이 많다. 그래서 난 내 두 아이만큼은 많은 사랑을 나누어 주고 싶었다. 내가 가져보지도 구경하지도 못한 모든 것을 해주고 싶었다. 하지만 현실은 그렇지 못했다. 사업 실패와 배신으로, 나락으로 떨어졌고 자살하고 싶다는 생각이 들 정도로 힘들었다. 내가 원하는 것들이 이루어지지 않았고 행운이 나의 손을 놓아버리는 느낌이었다.

이런 나약하고 생활 여건도 되지 않는 나에게 정말이지 두꺼비 같은 두 아들이 연년생으로 갑자기 찾아왔다. 바라보면 눈물이 날 정도로 귀엽고 고귀한 존재였지만, 현실에 부딪힌 나에게는 짐이었고 거부하고 싶은 존재였다. 술에 취해 있는 난 마냥 이 아이들이 미웠다. 두 아들은 고작 2살, 1살일 뿐인데…. 배고프다고 울어 대는 아이들은 태어나고 싶어 나에게 온 것도 아니고 내가 선택한 아이들인데 말이다.

집에 들어가고 싶지 않았다. 아니 안 들어가는 날이 많았다. 핑계를 만들었다. 거짓말도 늘었고 폭력적인 언행도 심해지기 시작했다. 근데 눈물 나고 가슴이 아플 정도로 두 아이는 내 눈치를 보이기 시작했다. 애 어른이 되어 버린 것이다.

 서서히 지쳐가고 나 자신을 놓아버릴 마음이 들 때쯤 몸과 마음이 술병으로 심하게 몸살이 나서 방에 누워 있었다. 난 그때 깨달았다. 이놈들이 얼마나 나에게 소중한 아이들인지를 말이다.

 잠든 줄 알았던 큰아이가 조용히 방에 들어와 내 이마에 손 대어 보고 이어서 자기 이마에 대었다. 이후 동생에게 조용히 하라는 말과 함께 작은 두 고사리손으로 추운 겨울 찬물로 수건을 적셔 내 이마 위에 얹어 주면서 "아빠 아프지 마!"라고 토닥토닥해 주었다. 힘없어 다 짜지도 못한 수건의 물방울들이 나의 반성 눈물과 함께 한없이 흘러내렸다. 미안했다.

 집사람과 두 아들, 세상과 부모님 그리고 나를 탓하며 의미 없이 보낸 3년이라는 허송세월이 주마등처럼 흘러간다. 그 순간 난 다짐했다. "돈 많고 많이 배운 훌륭한 아빠가 아니어도 부끄럽지 않은 부모로 남고 싶었다."

 시간이 지나고 한참 뒤 큰아들이 나에게 손 편지를 내밀었다. 난 두 손으로 눈물을 닦았다.

=§ 아버지께 드리는 글 §=

 "그동안 아버지의 모든 삶에서 많은 것을 보고 배우게 되었습니다. 아버지, 지금부터는 후회가 남는 하루가 아니라 아버지의 꿈을 찾아보세요. 뒤돌아보지도 말고, 내일을 꿈꾸지 말고, '지금' '오늘'을 즐기고 노력해 보세요.

*흘러가는 강물은 고이면 썩고 두 번 다시는 제자리로 돌아오지 않습니다. 많은 장애물을 만나 한 곳으로는 흐르지만, 끝나는 선은 바다나 호수입니다.*

*아버지가 가시는 길 믿고 지켜보며 동생과 함께 배워 가겠습니다. 사랑합니다. 감사합니다."*          - 큰아들 -

아들 덕분에 내 삶에 변화를 만들어갔다. 검정고시로 중·고등학교를 졸업하고 대학을 졸업했다. 더 나은 나 자신을 만들어 갔다. 그렇게 두 아들도 고맙게 잘 자라 주었다. 지나가듯 가버린 사춘기, 사고 한번 치지 않고 고맙게도 걱정거리를 만들어 주지 않았다.

나 또한 최선을 다해 아버지란 권위를 지켜가면서 때론 친구같이, 인생 상담사로 아이들과 지냈고 별다른 의견 충돌 없이 지금까지 살아왔다. 성인이 되어 열심히 직장 생활을 하는 두 아들에게 하고 싶은 말이 있다.

"정말로 미안했고 고맙고, 사랑한다."

작은아들이 근래에 술 한잔하면서 나에게 한 말이 있다.

"사랑은 양보다 질이 더 중요하다는 것을 가르쳐 줘서 고마워요"

살면서 감사하는 마음을 몰랐다. 감사가 그저 부질없는 마음이라고 생각하며 살았다. 처음으로 감사의 마음을 두 아들에게 보내고 싶다. 그리고 내가 살아가는 모든 일기는 아이들에게 보내는 감사일기로 적어 나가고 싶다.

no.33

# 김혜경

❑ 소개
1. 공간 지음 대표
2. 행복 책방 대표
3. 한국데쓰클리닝연구소 부회장
4. 1인 기업, 강사, 작가
5. 전자책출판지도사, 책쓰기 코치
6. 공간 정리&인생 정리 코치

❑ 연락처
이메일: jungrimom@naver.com

# 엄마로 살아가는
# 감사 일상

오십 인생의 여정 속에서 내게 가장 소중한 감사는 '엄마'라는 이름을 얻은 것이고, 그 이름으로 살아왔던 삶이다.

아이들을 키우며 매일 마주한 크고 작은 순간들은 나를 성장시키며 감사의 마음을 깨닫게 했고, 아이들의 웃음소리와 나를 바라보는 사랑스러운 눈빛은 삶의 의미를 더해주는 귀한 선물이었다.

고등학교 때 내 꿈은 현모양처였다. 내가 어릴 때 엄마는 세 딸을 키우기 위해 노점, 부업, 식당 일을 했고 회사에 다니며 우리를 위해 애쓰셨다. 감사한 마음도 컸지만, 늘 바빴던 엄마의 모습을 보며, 나는 때때로 아쉬움을 느끼곤 했다.

특히, 학교에 갔다가 갑자기 비가 오는 날이면 미리 우산을 챙기지 못해 흠뻑 젖은 채 추위에 떨며 집으로 걸어가면서 '내가 엄마가 된다면 꼭 아이들 곁에서 필요할 때마다 챙겨주는 엄마가 되어야지!'라고 다짐한 적이 있다. 그래서, 나는 결혼하면 전업주부로 살면서 아이들을 정성껏 키우고, 남편도 잘 보살피는 현모양처가 되고 싶다고 생각했었다.

내 또래 친구들이 멋진 커리어 우먼의 독립적인 삶을 꿈꿀 때, 나는 나만의 이상적인 가족의 모습을 그리며 성장했고 현명하고 가정적인 엄마이자 아내로 살아가고 싶다고 소망했었다.

2002년 전국이 "대~~~한 민국"을 뜨겁게 외치며 월드컵이 한창이던 때, 나는 첫아이를 만났다. 1박2일 간의 산고는 내게도 견디기 힘든 고통이었지만, 아이도 그 고통을 잘 이겨내고 우리에게 와 주었다. 참 대견하고 고마웠다. 첫아이를 품었을 때의 설렘과 두려움, 작고 여린 생명을 책임져야 한다는 무게감은 나를 한없이 겸손하게 만들었다.

아이를 키운다는 것은 단순히 밥을 먹이고, 옷을 입히고, 학교에 보내는 일만은 아니다. 아이와 함께 보내는 하루하루가 새로운 도전이자 배움의 연속이었고, 동시에 한 사람의 엄마로 더 단단하게 성장하는 계기가 되었다.

큰아이를 제외한 둘째와 셋째는 태어나 병원 치료를 오랫동안 받았었다. 둘째는 태어나자마자 골수 검사와 뇌파검사, MRI까지 하며 치료받던 기간이 있어서 정상적인 삶을 꿈꿀 수 없다고 생각했는데 기적적으로 완치되었다. 셋째는 백일 즈음에 병원에서 귀에 문제가 있어 정상적인 듣기가 어려울 것 같다고 했다. 안산에서 화성, 수원, 서울로 소견서를 써 주는 좋은 병원을 찾아다니며 치료를 위해 노력했었다.

삼성병원에서 괜찮다고 마지막 판정을 받았을 때 엄마랑 나는 병원 소파에 앉아 한동안 넋을 놓고 가슴을 쓸어내렸다. 가슴속의 무언가가 쑥 내려가는 느낌이었다.

그간의 세월이 주마등처럼 머릿속을 지나갔었다. 그리고, 가슴 벅찬 감사의 마음으로 집으로 돌아왔었다. 듣고, 말하는 평범한 일상을 누리는 오늘이 삶의 기적임을 나는 알게 되었다. 앞으로도 아이들을 키우며 병원도 다니고 함께 해야 할 일들도 많을 거라고 생각해서 일과 양육을 병행할 수 있는 프리랜서 강사를 직업으로 선택했다. 수업 시간을 제외하면 아이들과 함께 할 수 있지만, 가르치는 일이라 새로운 것을 배우는 일도 게을리할 수 없었다. 덕분에 지금까지 배우고 익히며 전하고 나누는 일을 하면서 나도 성장하고 있다.

물론 엄마로서 세 아이를 키우며 감정적으로나 체력적으로 한계를 느낀 적도 많았다. 아이들이 아플 때마다 밤잠을 설쳐야 했고, 서로 싸울 때는 중재자의 역할도 해야 했다. 때로는 감정을 다스리는 일이 너무 어려워 눈물을 흘린 적도 있었지만, 어느새 우리 아이들은 각자 삶의 여정을 위한 독립을 준비할 나이가 되었다.

1박2일의 산고를 이겨낸 끈기와 인내의 첫째는 군대 가서도 성실과 멋짐으로 표창장을 여러 개 받고 제대했고, 태어나 골수 검사에 뇌파 검사에 MRI까지 정상적 삶을 꿈꿀 수 없던 우리 둘째는 4월 입대를 앞두고 알바에 열심이다. 청각 문제로 들을 수 없다던 막내는 지금 피아노를 연주하는 아이가 되었다.

아직은 막내의 중2 사춘기와 나의 갱년기 대전으로 전쟁과 평화가 반복되는 날도 많지만, 이 길을 지나면 또 한 번 성장하는 엄마가 되리라 생각한다.

언젠가 '엄마'라는 이름으로 살아가는 이 모든 순간이 차곡차곡 쌓여 내 삶의 이야기를 더욱 풍성하게 하리라고 믿는다.

no.34

# 박해리

❑ 소개
1. Italy Milano International Music Festival Orchestra 연주
2. 2024 삿포로교류오케스트라 연주
3. 이음심포니커 대표

# 진심으로 감사가
# 우러나는 삶

 삶의 전부였던 가족의 이해와 지지를 잃었을 때, 그래서 삶의 모든 이유를 잃었을 때, 더 이상 살아갈 자신이 없었다. 살아 숨 쉬는 것조차 고통스러웠다. 생을 마감하고 싶다는 위험한 생각이 자꾸만 커졌다. 혼자 있으면 그 생각에 사로잡혀 정말로 무슨 일이든 저지를 것 같았다. 그래서, 살기 위해 나는 내가 아는 모든 이들에게 도움을 청했다. 그리고 그 모든 이들로부터 또다시 거절을 당했다. 단 한 분을 제외하고.

 그분만이 내 이야기를 들어주셨고, 묻지도 따지지도 않고 내 편이 되어 주셨다. 나의 이야기에 공감해 준 단 한 분 덕분에 나는 그 시간을 무사히 견디고 다시 일어섰다.

 힘들기만 하던 시절이 있었다. 아무리 노력해도 내 노력만으로는 이룰 수 없는 것이 있다는 사실을 받아들여야 하던 시기였고, 미래에 대한 확신이나 보장도, 희망도 없었다. 그저 때를 기다리거나 포기하는 것 외에 선택지가 없었던 때였다. 막연히 기다리는 것도 힘든 일이었지만, 포기는 더더욱 힘들었다.

 그래서 매일 나 자신과 싸워야 했다. 처음엔 꿈을 이루기 위해서가 아니라 꿈을 포기하도록 나를 설득했지만, 차마 포기하지 못하고 미련이 남았다. 꿈을 이룰 기회가 오기만을 막연히 기다리기에도 불안했고 지쳐갔다. 그래도, 포기할 노력을 하는 대신 준비하며 때를 기다리기로 했다. 긴 터널과 같은 시간을 보내고 마침내 기회가 왔을 때, 꿈을 이루었다. 힘든 시절을 견뎌내는 것, 꿈을 이루는 것들은 마치 인생의 해야 할 숙제와 같았다. 열심히 살아내고 나니, 어느덧 나는 이들을 다 해냈다.

해야 할 것들을 다 하고 나면 마냥 행복할 줄 알았다. 그러나, 그 순간 삶의 목표가 사라졌고, 공허함이 밀려왔다. 그토록 바라던 순간이었음에도, 이제 무엇을 위해 살아야 할지, 어떻게 살아야 할지 몰라 당황스러웠다.

그리하여, 이제부터 살아갈 삶의 새로운 목표를 찾고자 다시 노력했고, 그리고 깨달았다. 누군가의 멘토이자 롤 모델이 되어야 할 시기가 되었다는 것을. 이제는 진짜 어른이 되어야 하는 때가 되었다. 그때, 나의 멘토가 문득 떠올랐다.

그분을 처음 봤을 때 대선배였고, 하는 업무에서 뛰어난 실력자였다. 갓 입사한 내 눈에 너무나 크신 분이셨다. 그 후로 업무를 하며 많은 기술적 배움도 있었지만, 그보다 더욱 큰 도움과 가르침이 있었다. 그분은 업무를 진심으로 즐겁게 했다. 그러한 모습에서 장인 정신을 배웠다. 또한, 진정한 어른이 된다는 것은 어떤 것인지, 말로서가 아니라 생활 속에서 보여주었다. 그분께서 보여주신 어른의 모습은, 기다려주고, 들어주고, 공감해 주고, 지켜봐 주는 것이었다. 어느덧 나는 그분을 멘토이자 롤 모델로 여기게 되었다. 나 역시 누군가에게 그분과 같은 모습의 멘토이자 롤 모델이 되고 싶었다. 나의 성장이 아니라, 남의 성장, 후배들의 성장을 돕는 것을 나의 목표로 삼고 싶다는 생각이 들었다.

새로운 목표를 찾고 시도했지만, 뜻대로 되지 않았다. 실망했지만, 목표를 수정하고 업그레이드하고, 실천 방법을 바꿔가며 다시 시도하면서 새로운 삶을 살아가기 시작했다. 그리고, 진심으로 지금 감사가 우러나는 삶을 살고 있다. 아침 출근길의 신선한 공기도 감사하고, 따뜻하고 밝은 햇빛이 드는 일요일 아침에 홍차를 마시는 여유를 즐길 수 있음에 감사하고, 동네 주민분들과 술 한잔하며 깔깔 웃을 수 있음에 감사한다.

누군가가 나에게 이런 조언을 한 적이 있다. "감사할 일이 있을 때 감사하려고 하지 말고, 억지로라도 감사할 일을 매일 10개씩 찾아보렴. 그럼 나아질 거야." 그러나, 힘들기만 하던 시절, 억지로 감사할 일을 찾아본다고 감사하는 마음이 생기지도, 힘든 상황이 개선되지도 않았다.

포기하지 않고, 문제를 정면으로 바라보고 근본 원인을 찾아서 해결했기에, 진심으로 감사하는 지금의 삶을 비로소 얻었다. 이제는 진심으로 감사하는 법을 알게 되었다. 비록 앞으로의 내 삶이 감사하기만 한 삶은 아닐지라도, 적어도 힘들기만 한 삶은 아닐 것이라 기대해 본다.

no.35

# 최찬희

❏ 소개
1. 미술 치료 강사
2. 인지 교구 강사
3. 웃음 치료 강사
4. 교육청 상담 봉사
5. 문해 교사

❏ 연락처
1. 010-5385-2083
2. choychanhee@hanmail.net

# 감사,
# 매사에 감사한 말

사랑하는 동생에게 카톡이 왔다.
"언니, 감사에 대한 글 한번 써봐. 생각도 정리되고 나를 돌아보게 해."

어릴 적, 20대 초반에는 내가 60살이 되기 전에 시집을 한 번 내보겠다고 다짐했었다. 그 약속을 떠올리며 '한 번 해보자'라는 마음으로 펜을 들었다.

나는 감사하는 삶을 살고 있다고 자부한다. 그러나 그 길이 처음부터 자연스럽게 온 것은 아니다. 감사의 의미를 깨닫게 된 것은 상담 공부와 나를 돌아보는 과정에서였다. 이전에는 당연하게 여겨지는 것들에 대해 감사하지 않는 경우가 많았다. 때로는 원망도 했고, 왜 그런 일이 생겼는지 의문도 들었었다. 하지만 시각을 바꾸어 보니 그런 일들이 감사한 일일 수도 있다는 걸 알게 되었다. 이제는 그 깨달음을 바탕으로 삶을 바꾸고 있다.

우리 집은 7공주도 아닌 8선녀라고 불리던 집안이었다. 나는 여섯 번째 딸로 태어났다. 어머니는 아들이 태어날 거라 믿고 나를 준비하셨는데, 결국 나는 딸이었다. 그때 어머니가 얼마나 실망하셨을지, 얼마나 아쉬웠을지 지금은 충분히 이해한다.

그러나 어머니는 내게 아낌없이 사랑을 주셨고, 나는 그 사랑을 감사히 받았다. 이제 나이가 들면서 철이 드는 것 같다. 나이가 들수록 몸은 느려지고, 마음도 따라가기가 힘들다. 하지만 변화를 받아들이려 한다. 느려진다면 천천히 가라는 신호일지도 모르니까. 변화에 적응하고 감사할 점을 찾아야 한다는 생각이 든다.

어릴 적, 엄마는 내가 먹고 싶은 것을 잘 고른다고 칭찬해주셨다. 그 기억 속에는 엄마의 사랑이 있다. 어느 날, 학교 끝나고 집에 돌아왔을 때, 엄마는 냉동실에서 아이스크림을 꺼내 주셨다. 그 아이스크림은 막대기와 다 녹은 봉투만 남아 있었지만, 엄마의 사랑은 여전히 따뜻하게 느껴진다.

내 동생들이 태어날 때도 엄마는 고통 속에서 나를 지켜보며 나를 키워주셨다. 7번째, 8번째 동생을 임신하셨을 때, 엄마는 인디언 밥과 펀치바를 즐겨 드셨고, 그걸 우리 두 동생이 몰래 뺏어 먹었던 기억도 있다. 8번째 동생이 태어날 때는 눈이 많이 내리는 날이었고, 집은 어수선했다. 그러나 그 순간에도 우리는 사랑하며 지냈다.

이제 나는 부모님께 감사한 마음을 자주 전하려 한다. 건강하게 태어나게 해주셔서 감사하고, 긍정적인 마음을 갖게 해

주셔서 감사하다. 매일 밤, 부모님께 "편히 주무세요. 사랑합니다"라고 기도하며 잠자리에 든다. 그런 마음이 나를 따뜻하게 해준다. 나도 부모님처럼 내 가족에게 긍정적인 영향을 미치고 싶다.

  내가 결혼하고 새로운 식구들이 생기면서 내 가족은 더욱 커졌다. 새로 생긴 가족들과 함께 사랑을 나누며 지내는 것이 얼마나 감사한 일인지 느끼고 있다. 내 부모님도 나를 시집보낼 때, 좋은 것만 해주고 싶어 했던 마음이었겠다는 생각이 든다. 그 마음을 겪어보니 더 깊이 이해하게 된다.

  그래서 나는 지금도 밤마다 부모님께 기도하며 감사의 마음을 전한다. 감사의 마음을 담아 하루를 마무리하며, 그 감사함이 내일도 계속 이어지기를 바란다. 나를 사랑해 주신 부모님께, 그리고 내 가족들에게 늘 감사한 마음을 가지고 살아가려고 한다.

## no.36

# 세 라

❑ 소개
1. 영어학원 원장(전)
2. 영어교육 전문가
3. RYTK300 요가지도자
4. 더스피닝 강사

# 사랑하는,
# 당연하지 않은 것들

까맣던 세상에 빨강, 노랑과 같은 천연색이 스며들기 시작한다. 게으름 가득한 베짱이마냥 늘어지게 기지개를 켜며 눈을 떠보니 블라인드 사이로 새하얀 무언가가 스쳐 간다. 삐걱거리는 몸을 이끌고 창문을 활짝 열어본다. 오소소소 소름이 돋을 만큼 차갑지만 너무나도 상쾌한 공기가 코끝에 닿는다. 내가 잠들어 있는 동안 세상이 하얗게 변했다. 반짝반짝 빛을 내며 지붕 위에도, 나무 위에도 마치 머나먼 북쪽 마을의 겨울처럼 그렇게 눈이 왔다.

멍하니 창밖을 바라보다 추위에 볼이 빨개질 무렵 따뜻한 티를 찾아 우리고, 떠오르는 음악을 찾아 플레이 버튼을 누른다. 좋아하는 음악을 들으며, 좋아하는 차를 마시며, 내가 좋아하는 이 공간에 있는 이 시간이 나는 참 좋다.

물론 대부분의 사람처럼 예전의 나 역시도 이런 여유는 머나먼 꿈같은 이야기였다. 적어도 암 환자가 되기 전까지는. 나는 극단적 장기 생존자이다. 2016년 암이라는 몹쓸 녀석이 내게 찾아왔고 여전히 진행 중이다. 아직 어리다는 패기였을까? 30대 중반의 나이에 암 환자가 될 것이라고는 전혀 생각하지 못했었기에 힘들었고 버거웠다. 많은 이들의 위로와 응원이 있었지만 이미 나는 내 슬픔 속에 갇혀버린 것 같았다. 게다가 주기적으로 찾아오는 통증은 정말 끔찍했다. 그저 이를 악물고서 숨을 들이마시고 내쉬는 게 내가 할 수 있는 전부였다. 그 시간을 버티다 보면 내 공간에 함께 하는 것들에게 눈이 갔다. 늘 그 자리에 있으면서 마음을 줄 수 있는 무언가. 예를 들면 랑이가 선물로 준 곰 인형이라던가, 흰둥이를 담은 화분 같은. 내가 있는 이곳에 묵묵하게 자리를 지켜주는 것들이 있다는 건 참 좋은 일이다. 그 물건에 깃든 시간과 추억과 마음이 더해져 힘을 낼 수 있는 응원이 된다.

    열 손가락이 몇 개여도 부족할 만큼의 항암과 방사선, 그리고 자잘한 수술들이 지나갔다. 처음에는 암은 곧 죽음이라는 생각에 제법 비장해지기도, 때론 우울해지기도 했었다. 하지만 그럴 때마다 나를 지켜주던 순간들이 있었다.

    어릴 적 나는 방학마다 시골에 있는 외할머니댁에 놀러 갔다. 여름에는 다슬기가 가득한 냇가에서 물놀이하며 놀고, 겨울에는 얼음이 꽁꽁 언 논에서 포대 자루를 타며 놀았다. 소쿠리에 주전부리를 한가득 담아 나무 마룻바닥에 누워있으면 도시에서는 볼 수 없는 수많이 별들이 존재감을 드러냈다. 그렇게 쏟아질 듯한 별들을 담은 밤하늘 아래에서 엄마 무릎을 베개 삼아 누워 엄마의 어린 시절 이야기를 듣곤 했다. 엄마가 나보다도 어린아이였을 그 시절의 이야기는 내게 많은 꿈을 꾸게 해주었다.

    생각해 보면 크고 화려한 것보다는 소소한, 그래서 눈여겨

보아야 찾을 수 있는 작고 여린 것에 더 눈이 가는 아이가 나였다. 소박하게 피어있는 자그마한 들꽃이, 무심코 올려다본 파란 하늘이 그렇게 예뻐 보였다. 어른이 된 나는 여전히 작고 여린 것들을 말하고 느끼며 살아가고 있다. 수도 없이 기쁘고, 슬프고, 가끔은 무뎌졌으면 싶을 만큼 이리저리 흔들리지만, 그 역시도 내가 살아온 내 삶의 방식이다.

아주 꼬마였을 때 자장가를 불러주던 엄마가, 목말을 태워 함박웃음을 짓게 해준 아빠가, 지난 언젠가 가지고 싶다고 지나치듯 말했던 것을 기억해 일상의 어느 날 깜짝 선물로 준 랑이가, 나의 시간에는 이런 사랑들이 쌓인다. 그리고 이런 사랑을 한 겹 한 겹 갑옷 삼아 걸치고 나는 느리지만 꾸준히 나아간다. 그저 내가 아프지 않고, 잘 웃고, 행복하기만을 바라는 사람들. 나는 이 마음들이 모여 만들어진 하나의 선물이다. 그런 모든 순간이 모여 나를 만들었다고 생각하니 내가 너무 소중하고 감사하다.

어제는 항암 치료가 있는 날이라 이른 새벽부터 시작한 하루가 무척 길고 고단했다. 왕복 6시간의 이동거리, 진료 전의 두려움, 힘들었던 항암주사 등. 그런데 집으로 돌아오며 엄마랑 통화를 하는데 이런저런 이야기를 하다 보니 행복한 일들이 아주 많았다. 병원 외출을 핑계 삼아 서울 나들이도 하고, 건강 상태가 더 나빠지지 않고 유지되고 있음에 안도했다. 아직은 나를 지켜줄 항암제도 남아있고, 무엇보다도 나를 응원해 주는 내 사람들이 있었다. 하루가 길어서 행복한 일이 많았던 게 아니라, 행복한 일이 많으려고 하루가 길었나 보다.

# no.37

# 오순덕

### ❏ 소개
1. 한글마루 창작소 공동대표
2. 한글만다라 개발자, 대한민국 1호 강사
3. 서울시 교육청 부모 행복교실 강사
4. (사)놀이하는사람들- 놀이 활동가
5. 유아교육 23년 차
6. 한글 지킴이- 한글 신바람꾼
7. 저서- [내 삶의 좌우명] [내 삶을 바꾼 책]외 전자책 출판

### ❏ 연락처
1. 블로그: https://m.blog.naver.com/osd020508
2. 인스타그램: happy_tree.hello
3. 유튜브: 한글만다라

# 나의 행복한
# 제2의 인생

    나는 시골에서 고3까지 학업을 마친 후 어렵게 대학에 합격했다. 그러나 가난한 가정환경으로 인해 대학 1학년 때 휴학을 결심하고 서울로 상경하게 되었다. 홀로 직장 생활을 시작하면서 겪은 고충과 어려움은 내 삶에 많은 영향을 미쳤다. 20대의 나는 경제적 어려움과 외로움 속에서 진정한 행복을 찾지 못했던 시기를 보냈다. 이러한 힘든 시간을 지나면서 나는 새로운 인생의 전환점을 맞이하게 되었다.

    처음 서울에서의 직장 생활은 매우 힘들었다. 새로운 환경에 적응하기 위해 정신없이 바빴고, 야근이 일상이 되어버렸다. 시간적 경제적 여유가 없었던 나는 20대의 진정한 자유와 행복을 느끼지 못하고, 불안한 마음에 시달렸다. 그때 나는 교회에 나가기 시작했다. 어릴 적 다니던 교회를 다시 찾으면서 힘든 순간마다 하나님께 의지하고 기도했다. 이러한 신앙심이 나를 버티게 해주었다.

20대 후반에 접어들면서 나는 혼자 살아가는 삶이 힘들다는 것을 깨달았다. 결혼하고 싶다는 마음이 커지면서 하나님께 배우자를 만나기 위한 기도를 하기 시작했다. 특별한 조건은 없었지만, 나를 이끌어 줄 신앙심 깊은 사람을 만나고 싶다는 바람을 담아 기도했다. 그 기도가 응답되어, 함께 성경 공부를 하던 중 지금의 남편을 만났다. 그의 믿음과 사랑은 내 인생에 또 한 번의 전환점을 가져다주었고, 결혼을 통해 나는 제2의 삶을 시작하게 되었다.

  결혼 후, 나는 남편의 지지와 사랑 덕분에 불안했던 마음이 점차 희망과 행복으로 바뀌어 갔다. 좋은 성품을 가진 시부모님과 도련님, 아가씨와 함께하며, 나에게는 결혼 후 처음으로 진정한 행복감이 생겼다. 다행히 남편과 나의 가치관이 같아, 우리는 3남 1녀의 자녀를 양육하며 순탄한 가정생활을 이어왔다. 서로를 믿고 의지하는 동반자의 삶은 나에게 큰 힘이 되었다.

  결혼은 내 삶을 완전히 변화시켰다. 20대의 불안하고 힘들었던 시기가 지나고, 이제는 사랑하는 가족과 함께하는 행복한 삶을 살아가고 있다. 남편을 만난 것은 내 삶에서 가장 감사한 일이자 은혜로 여겨진다. 나는 더 이상 혼자가 아니며, 사랑과 믿음으로 충만한 가정에서 안정적이고 행복한 제2의 인생을 살고 있다.

남편은 신앙심이 깊고 술과 담배를 전혀 하지 않는다. 덕분에 술로 인한 문제는 발생하지 않았지만, 4명의 아이를 책임져야 하는 가장으로서 늘 바쁘고 시간이 부족하여 가족과 함께 추억을 쌓을 시간이 없었다. 또한 매일 자정이 넘어서 귀가하다 보니 나는 독박육아를 해야 하는 상황이었다. 하지만 아이들이 순하고 착해서 힘들지 않게 케어할 수 있어 감사한 마음이 든다.

남편은 중고생을 대상으로 수학, 물리, 화학, 지구과학, 생명과학을 가르치는 교사로, 집에서도 늘 공부하느라 자연스럽게 TV를 볼 시간이 없었다. 그래서 우리 집은 오래전에 TV를 없앴다. 돌이켜보면, 남편의 공부하는 모습, 술과 담배를 피우지 않는 태도, TV를 보지 않는 생활 등이 자녀들에게 긍정적인 영향을 미친 것 같아 감사하게 생각한다.

우리 가족의 가장 큰 결속력은 모두가 신앙으로 하나 되어 있다는 점이다. 아빠가 믿음의 호주가 되어 굳건히 자리를 지키고 있는 가운데, 같은 신앙으로 서로가 하나 될 수 있어 우리 가족은 'We are one'이라는 마음으로 살아가고 있다. 서로 사랑하며 같은 말씀으로 같은 방향을 향해 나아가고 있는 우리 가족을 늘 지켜주시고 인도하여 주시는 하나님께 감사드린다.

no.38

# 최민경

❏ 소개
1. 라이프 P.D. [Life Purpose Director]
2. 삶의 전환기에서 자신의 진정한 목적을 찾고, 숨겨진 강점을 발견하여 의미 있는 제2인생 설계를 돕는다.
3. 하트나비라이프(Heart Navi Life) 창업
4. 성결대학원 아로마웰니스산업 석박사통합과정
5. 한국열린사이버대학교 뷰티건강디자인학과 편입 졸업
6. 한국외국어대학교 중국학대학 중국어전공 졸업

❏ 연락처
1. 블로그: blog.naver.com/minakey
2. 서울시 강남구 테헤란로 322 한신인터밸리24빌딩 1층

# 삶을 변화시키는
# 에너지 : 감사

☑ **감사의 의미에 대해 생각하다.**

작년 여름에 김형환 교수님의 1인기업 CEO 과정을 들으면서 1:1 멘토링을 받았는데, 그때 과제 중 매일 감사한 일 3가지씩 쓰기가 있었다.

처음에는 그날 있었던 일들을 생각하면서 만난 분들에 대해, 그리고 특별히 일어난 좋은 결과들에 대해 감사한 일들을 3가지씩 떠올리려고 애썼다. 그러면서 내 일상을 다시 돌아보게 되고 당연한 듯 지나칠 수 있는 순간들이 내게 참 감사한 일들이었다는 것과 내게 고마움을 준 분들이 참 많이 있음을 느끼게 되었다. 그리고 그걸 다시 소중함으로 떠올리는 과정에서, 감사한 마음을 담아 특별히 의미 짓는 순간들이 많아지면서 내가 더 행복해짐을 느꼈다.

그리고 이번에 감사일기를 주제로 공동 저서를 쓰면서 '감사'에 대한 의미를 한 번 더 깊이 생각해 보는 계기가 되었다. '감사합니다'는 느낄 감(感)과 사례할 사(謝)를 쓴다. 우리는 '감사합니다'라는 말을 워낙 많이 쓰다 보니 무의식적으로, 또는 예의를 차리는 형식적인 인사말로 많이 쓰기도 한다. 그리고 진정 감사하다는 말을 전할 때는, 내게 이미 있는 것, 주어진 것들은 이미 당연하다고 치부하고, 더 좋은 일이 생겼을 때 특별히 감사하다고 표현하곤 한다.

그리고 감사하다고 표현하는 것을 쑥스러워하거나 인색하게 할 때가 많다. 나는 감사를 한다는 것 자체가 내 삶 속에서 자칫 지나치기 쉬운 가치를 소중하게 붙잡아 주는 역할을 한다고 생각해서 이제는 감사를 습관화하려고 한다.

☑ **삶 자체가 축복.**

우리는 종종 잊고 산다. 지금, 이 순간 내가 숨 쉬고 있다는 것만으로도, 자유롭게 내 몸을 움직이고 행복감을 느낄 수 있다는 것만으로도 얼마나 큰 축복인지를.

미국 코넬대학의 인간생태학 분야의 권위자이자 사회학자인 '칼 필레머' 박사는 5년에 걸쳐 70세에서 100세까지 각계각층 인생 현자를 인터뷰하면서 얻은 그들의 8만 년 삶 속 '인생의 소중한 30가지의 지혜'를 책 『내가 알고 있는 걸 당신도 알게 된다면』에 담았다. (『감사의 과학적 비밀』 중)

*"일상 속의 소소한 즐거움들을 음미하는 능력, 순간에 감사하는 마음은 저절로 얻어지지 않는다.* **그 첫걸음은 그 무엇도 당연히 여기지 않는 것이다. 살아 있음에 감사하라,** *우리에게 주어진 나날들, 시간들 속에서 누릴 수 있는* **헤아릴 수 없이 수많은 기쁨에 감사하라."**

여기에서 나는 감사한 습관을 만드는 시작을 배운다.

나는 어렸을 때 헬렌 켈러의 책 『내가 사흘만 볼 수 있다면』에 깊은 감동을 받았었다.

헬렌 켈러의 간절한 소망은 단지 사흘만이라도 볼 수 있다면, 첫날은 설리반 선생님과 사랑하는 이들의 얼굴을 보고 마음속에 깊이 간직하고 들과 산으로 산책하고, 둘째 날은 자연의 아름다움을 보고 박물관과 미술관에 가보고, 셋째 날은 평범한 일상을 보면서 두 눈에 담고 싶다는 것이었다.

"그리고 다시 눈을 감아야 할 마지막 순간에 나는 사흘만이라도 볼 수 있게 해준 하나님께 감사 기도를 드리고, 영원한 암흑으로 돌아가겠습니다."

헬렌 켈러의 간절한 소망에 눈물이 났다. 우리는 별 노력 없이도 다 할 수 있는 일상이 누군가의 간절한 소망임을 다시 깨달으며 내 삶에 대해 경건한 감사를 항상 드리려 한다.

☑ **감사 레터:**

나의 첫 번째 귀인이신 부모님, 두 번째 귀인인 일곱 언니 모두 내 삶을 원천적으로 지지해 주고, 가족이라는 든든한 울타리가 되어 주심에 너무나 감사하고, 아들과 함께 사랑 속에서 살아갈 수 있음에 항상 감사합니다.

세 번째 귀인이신 김형환 교수님은 1인 기업가로서의 내 가능성을 믿고 끌어내 주시고, 나만의 퍼스널브랜드를 만들어가도록 용기를 주시고 멘토링해주심에 깊이 감사드립니다.

또한 그 과정에서 나연구소 우경하 대표님을 만나 이렇게 공동 저서 책쓰기 프로젝트에 함께 참여할 수 있음에 특별한 감사를 표하고 싶습니다. 책을 쓰면서 생각이 정리되고 현실이 되고, 내게 다시 힘을 주듯이, 감사로 내 삶을 다시 돌아보며 더 가치 있는 삶이 되는 '감사의 힘'은 매직입니다.

no.39

# 한민정

❏ 소개
1. 쥬드발레하우스 무용학원 원장
2. 세종특별자치시교육협회 회장
3. 세종특별자치시사회복지협의회 이사

❏ 연락처
네이버 검색: 쥬드발레하우스 무용학원

# 고마운 사람들,
# 감사한 인연들

늦은 저녁, 퇴근길에 배가 고팠다. 길가의 작은 트럭에서 김이 모락모락 나는 붕어빵이 눈에 들어왔다. 따뜻한 온기가 반가워 갓 구운 붕어빵 한 봉지를 사서 집으로 향했다. 너무 배고픈 나머지 집에 도착하기도 전에 골목에서 하나를 꺼내 크게 베어 물었고, 순간 뜨거운 앙금이 입술을 덮쳤다.

화끈한 열기에 놀라 제자리에서 발을 동동 구르던 그 순간, 바로 앞에서 소형 트럭과 오토바이 부딪히는 사고가 일어났다. 오토바이는 트럭에 튕겨 날아왔고, 나는 충격에 얼어붙은 채 한참을 그 자리에 서 있었다. 몇 걸음만 더 나아갔더라면 그 오토바이는 나를 덮쳤을 것이다.

그날 이후, 나는 입술에 남은 화상의 흔적을 보며 '입술을 내어주고 목숨을 얻었다'라고 농담처럼 말하곤 했다. 그 사건은 살면서 뜻하지 않은 고통이 때로는 나를 보호하는 역할을 할 수도 있다는 사실을 일깨워 주었다.

그리고 문득 떠올렸다. '인생에서 위험한 순간에 나를 지켜준 존재는 단지 사람뿐이었을까?' 아니었다. 포근한 온기를 전해 준 반려동물, 마음이 어지러울 때 작은 위로가 되어준 꽃다발, 그리고 위기의 순간에 나를 멈추게 해준 뜨거운 붕어빵까지.

돌아보면 내 삶의 여러 갈림길에서 나를 도와준 존재들이 항상 있었다. 혼자가 아니라는 사실을, 그때는 미처 깨닫지 못했을 뿐이었다.

삶을 되돌아보면, 나를 도왔던 이들은 언제나 같은 길을 걸어온 것은 아니었다. 함께 걷다 다른 길로 접어들기도 하고, 때론 인연이 끝나며 등을 돌리기도 했다. 하지만 그들이 내게 남긴 흔적은 분명했다. 중요한 순간에 힘이 되어주었고, 고민의 순간에는 함께 머리를 맞대었다.

그들이 남긴 따뜻한 말 한마디, 힘을 내라며 내민 작은 손길, 그 모든 것들이 내 삶의 한 부분이 되었다. 지금은 연락이 닿지 않는 사람이라도, 그 시절의 우리는 서로에게 소중한 존재였다는 사실만큼은 변함이 없다.

우리는 흔히 해마다 스승님이나 은인을 찾아 감사의 인사를 전하는 사람들을 보곤 한다. 하지만 감사의 대상은 꼭 위대한 가르침을 준 사람만이 아니다. 우리의 삶에는 예상치 못한 순간에 도움을 주는 이들이 존재한다. 그리고 그 도움을 받은 우리는 또 다른 누군가에게 힘이 되어줄 수 있다. 마치 따뜻한 붕어빵처럼, 순간순간의 온기가 되어주는 것이다.

살아가면서 우리는 종종 '왜 이런 일이 나에게 생길까?'라는 생각에 빠지곤 한다. 그러나 시간이 지나고 나면 그때의 아픔과 혼란 속에서 나를 지켜준 사람, 나를 붙잡아 준 순간들이 떠오른다. 그리고 뒤늦게나마 깨닫는다. 내가 감사해야 할 인연들이 얼마나 많았는지를.

이제 나는 안다. 인연이 길든 짧든, 우리가 함께 나눈 순간의 따뜻함은 사라지지 않는다는 것을. 나를 도와준 많은 이들에게, 그리고 나 역시 누군가에게 그런 존재일 수 있기를 바라며, 인연이 닿은 모두에게 깊은 감사의 마음을 전한다.

no.40

# 최윤정

❑ 소개
1. 윤정교육연구소 소장
2. 대전보건대학교 유아교육과 겸임교수
3. 한국보육진흥원 보육과정 전문코리더
4. 충남육아종합지원센터 부모자녀체험 강사
5. 해커스평생교육원 아동학과 교수
6. 공저 '내 삶을 바꾼 책' 베스트셀러 작가
7. 공저 '내 삶의 산전수전' 베스트셀러 작가

❑ 연락처
1. 블로그: https://blog.naver.com/fancyyj
2. 메일: fancyyj@hanmail.net

# 나의 인생을 바꾼
# 감사한 사람

　남편과 나는 결혼 18년 차다. 남편은 여전히 나를 사랑하고 아끼며, 주변에서도 그의 눈빛에서 사랑이 묻어난다고 말한다. 18년 동안 한결같이 한 사람을 사랑하는 것은 쉬운 일이 아니다. 하지만 남편은 늘 같은 마음으로 나를 대해주려고 노력한다.

　우리는 초등학교 6학년 때 같은 반 친구였다. 이후 중학교, 고등학교, 대학교 다니면서도, 남편이 군대에 있을 때도 단 한 번도 연락이 끊긴 적이 없었다. 각자 다른 연인을 만나기도 했지만, 우리는 늘 친구로 지냈다. *"남자와 여자가 친구가 어디 있냐?"* 라는 말을 들을 때마다 *"우리 봐봐 친구잖아!"* 라고 외쳤지만, 결국 26살에 연인으로 발전했고, 27살에 결혼하여 지금은 두 아들의 부모가 되었다.

　결혼 당시 양가 부모님은 *"취직이나 하고 하지…"* 라며 걱정하셨지만, 우리의 사랑과 추진력은 그 누구도 막을 수 없었다. 나는 *"지금 결혼 안 하면 평생 혼자 살 거야"* 라고 선언할 만큼 남편과 함께하고 싶었다. 함께하는 시간이 중요했고, 어떤 어려움도 함께 극복할 수 있다고 믿었다.

그러나 결혼생활이 늘 순탄하지만은 않았다. 우리는 대학원생 시절 결혼하여 경제적 여유 없이 첫째를 임신했고, 곧이어 연년생 둘째까지 태어났다. 수입은 없었지만, 아이에게만큼은 최고로 해주고 싶어 지출이 끊이지 않았다. 경제적 어려움은 스트레스가 되어 우리를 갈등으로 몰아넣었다. 그 시절 우리 부부의 생활은 살얼음판 같았다. 돈 문제로 다투고 자녀 교육관이 맞지 않아 충돌하기도 했다. 사소한 일로 싸우기도 했지만, 시간이 지나면 언제 그랬냐는 듯 일상을 함께했다. 때론 남편이 미울 때도 있었지만, 새벽마다 가족을 위해 묵묵히 출근하는 모습을 보면 안쓰럽고 고마웠다.

결혼 후 10년 동안 나는 시부모님이 남편을 잘못 키웠다고 생각했다. 그러나 10년이 지난 후, '이제는 남편의 단점이 내가 함께 살아오면서 만든 것이 아닐까?'라는 생각이 들었다. 그때부터 남편을 다르게 바라보기 시작했다. 내가 공부한 감정코칭, 부모와 자녀 관계, 심리 상담 등을 활용해 남편을 이해하고 가르쳐주었다. 다행히 남편은 변화하려 노력했고, 배우면 빠르게 실천하는 사람이었다. 이전에는 몰라 못했던 것이지, 안 한 것이 아니었다. 남편의 이런 태도가 내가 그에게 가장 감사한 점이다.

또한, 과거에는 경제적으로 힘들 때 재산을 물려주지 않으신 시부모님께 서운한 감정이 있었다. 하지만 지금은 그 덕분에 남편이 생활력과 책임감을 갖춘 성인으로 성장할 수 있었다는 점에 감사하게 되었다. 우리가 힘든 시절을 겪으며 깨달은 것은 물질적인 도움보다 서로를 향한 신뢰와 존중이 훨씬 더 중요하다는 것이었다. 부부로 살아간다는 것은 단순히 사랑만으로 되는 것이 아니었다. 신뢰와 이해, 끊임없는 대화가 필수적이었다. 사랑도 노력 없이는 유지되지 않는다.

부부로 살다 보면 위기는 늘 있기 마련이지만, 그 시기를 어떻게 보내느냐에 따라 관계는 달라진다. 서로 노력하면, 부부는 진정한 가족이 된다. 부부 싸움도 때로 필요하다. 하지만 싸움 속에서도 서로를 향한 애정을 잊지 않는 것이 중요하다. 남편과 나는 위기를 극복하며 더 단단한 관계가 되었다.

남편과 나는 노래방에 가면 꼭 두 곡을 부른다. 노사연의 '바램'과 안재욱의 '친구'이다. 친구에서 연인이 되어 함께 나이를 먹어가는 우리 부부에게 이보다 더 어울리는 노래는 없다. 그리고 남편에게 꼭 들려주고 싶은 노래가 하나 있다. 바로 조항조의 '고맙소'이다.

나는 남편에게 항상 고맙다. 그는 나의 인생에서 가장 든든한 버팀목이고, 나의 성장을 함께해 준 소중한 사람이다. 앞으로도 우리가 함께할 시간이 얼마나 남았을지 모르지만, 나는 남편에게 감사하며 살고 싶다.

## 내 삶의 감사일기

## 5장. 삶을 연결하는 감사의 점

| 41. 김선화 | 42. 홍세연 |
|---|---|
| 삶을 연결하는 감사의 점 | 내 마음속 난로 |

| 43. 신선주 | 44. 안재경 |
|---|---|
| 나의 감사일기 | 멈춰야 보이는 것들 |

| 45. 이언주 | 46. 김성환 |
|---|---|
| 내 몸이 보내온 신호, 그리고 감사 | 엘림비전 공동체 하나님의 은혜 감사 |

| 47. 우정희 | 48. 김미례 |
|---|---|
| 감사로 배운 긍정 마인드와 헌신 | 아들, 고마워 |

| 49. 정진우 | 50. 정광영 |
|---|---|
| 엄마 아빠 고마워 | 여보, 아들 고마워 |

no.41

# 김선화

❏ 소개
1. 영산대학교 겸임교수
2. 청소년지도사
3. 출판지도사
4. 아동권리교육강사
5. 연우심리연구소 U&I 학습. 진로상담전문가
6. 초등학교 문해교원
7. 놀이심리상담사

❏ 연락처
블로그: https://blog.naver.com/sunhwagiyo

# 삶을 연결하는
# 감사의 점

머릿속이 하얗다. 많은 걱정과 생각을 하다 보면 무엇을 먼저 해야 할지 막막하다. 이럴 때 오히려 난 주저앉아 버린다. '예전의 난 나를 잘 알았을까?' '지금의 난 나를 잘 알고 있는 것인가?'라는 생각에 잠기면서 나의 시선은 한곳을 응시했다. 묵은 노트가 잠들어 있는 곳에서 제일 때가 많이 묻어 있는 노트를 집어 스르륵 넘기다 보니, 누렇게 빛바랜 노트에 풀로 붙여져 있는 편지지가 보인다.

지금의 나로 성장시키는 과정에 연결되는 삶의 점. 1991년 5월이면 내가 결혼하기 전인데 그때 나는 무슨 생각으로 살고 있었을까?

### 진실한 삶은 어떤 삶일까?

즐거운 주말 가랑비가 내리고 있는 창밖을 보니 갑자기 우울해지며 나 자신의 의지력을 시험하고 싶은 충동이 가슴속에 떨림으로 파고들었다. 빗속을 무박으로 등반할 만큼 완벽한 장비를 갖출 순 없었지만, 우직하고 맹목적이면서도 근엄한 자세를 취하고 있는 산이란 존재에게 오늘의 승부를 걸고 출발 지점으로 난 달려가고 있다. 길가 가로수들이 안개와 비를 동반한 바람과 더불어 멋을 자랑하는 모습이 나의 마음을 설레게 했다. 시간을 넘어 얼마를 달렸을까?

고요한 정적과 짙은 어둠에 뿌연 안개를 젖히고 펼쳐져 있는 웅장한 광경에 정신이 번쩍 들었다. 심장박동이 거세지고 앞으로 어떤 일이 벌어질지 모른다는 생각에 두려움과, 도전해서 이겨내야 한다는 나의 의지가 맞붙고 있는 것도 잠시, 새벽 3시의 무박 산행이 대장을 선두로 시작되었다.

푸르름과 싱그러움, 한 사람만 갈 수 있는 오솔길, 양옆으로 지나치는 나무의 잎사귀들은 이슬을 머금고 반갑다고 인사하듯 나의 얼굴에 내려앉는다. 상큼함이 콧등으로 흘러 마른 입은 촉촉해졌다. 고요함이 영원할 것 같은 세상에 새벽의 정적을 깨우는 일행들의 발소리는 고요함을 깨뜨리는 소리 같아 고개를 들고 자연을 대할 면목이 없다. 힘들다.

전진해 갈수록 바람도 세차지고 내 몸도 마음처럼 따라주지 않아 뒤로 쳐진다. 선두로 앞서가는 일행들을 보았다. 거친 숨을 밀고 당기면서 정상을 향해 꿋꿋하게 나아가는 모습에서 용기라는 녀석이 자극을 준다. 주위에서 들려오는 새의 지저귐도 많아져 지쳐있는 나의 몸에 경쾌한 리듬으로 다가와 이 악물고 나아가게 만들었다. 질퍽한 흙길에 나뒹굴면서 허벅지에 통증이 와도 지친 내 육체가 정신을 따라주지 않고 괴롭힐 때 주위에서 느껴지는 훈훈함. 벼랑 위에 서서 내밀어 주는 손은 굵은 동아줄보다 더 강하게 내 가슴을 찡하게 만들었다.

혼자의 힘이 아닌 그들이 있었기에 난 상봉에 오를 수 있었다. 산 정상에 서서 표현할 수 없는 만족감에 인생의 가치관을 배우고, 우박을 동반한 비를 맞으며 지치고 눕고 싶은 순간의 고비를 넘김으로써 더 가까이 산의 정상에서 너를 만날 수 있었다. 계곡을 타고 내려오는 이 산의 정기를 모아 흐르는 액까지 정수에 담음으로 마음을 짓누르는 감격을 맛보았다. 11시간 30분의 무박 산행으로 수도산, 가야산 종주를 마친 내가 자랑스럽다.

주저앉아 힘을 잃을 뻔한 내가 힘을 낼 수 있었던 것은,
그대의 삶에 내 발자국을 남길 수 있었던 것은,
많은 도움과 우정을 전달해 준 그들,
강한 에너지를 전달해 준 일행이 있었기에 가능했다.
마음 깊이 감사하고 무박 산행을 다녀온 나에게도 박수를 보낸다. [청암사-수도산-단지봉-좌대고령-목통령-두리봉-가야산]의 코스다.

젊은 시절 나는, 나를 덮치는 우울한 감정을 떨치기 위해 험난한 산에 오르면서 이겨내려고 애를 썼다. 그 속에는 혼자가 아닌 동지가 있었기에 두려운 미로 속에서 도움을 받아 벗어나고 있었다. 1991년 난 감사한 마음을 글 속에 남겨두었구나! 그런데 현재의 난 어느 순간 마음으로 감사하고 머리로 떠올리지 못하고 있다.

지금의 나를 연결하는 감사의 점. 그 점이 있었기에 지금의 내가 있는 것인데, 감사일기를 통해 나를 살아 있게 만들어 준 그들, 기억에서 사라진 이미지, 그때의 일행들에게, 감사일기를 통해 감사한 마음을 전한다.

no.42

# 홍세연

❏ 소개

2007.1.6
눈이 오는 겨울날 눈을 떴다.
바다, 나무, 책을 좋아한다.
사랑하는 사람. 사랑받는 사람. 읽고 쓰는 사람.

I am living my life.
작은 꿈이 어떤 나비의 날갯짓이 될지 궁금해하는 중이다.
마지막 십 대의 첫 글. Dreams come true!

사랑에 감사한다.
눈물에 감사한다.
미소에 감사한다.

# 내 마음속 난로

"세연아, 너는 사랑을 원하고 또 그만큼 사랑할 줄 아는 아이야. 엄마가 사랑 그릇이 큰 널 낳았는데, 그 그릇을 다 채워주지 못해 미안해."

어느 날이었다. 노을만 봐도 눈물이 나는 그런 날. 늦은 시간까지 공부를 마치고 나는 도시의 빛들에 의해 희뿌옇게 느껴질 만한 밤 속을 걷고 있었다. 날 비추는 가로등 불빛도 끈덕진 한숨에 뿌예졌다. 그 속에서 엄마의 목소리만이 선명하게 전해진다. '아아…. 그건 사랑이겠지.'

나는 '사랑'에 감사한다. 나는 사랑 덕분에 살아가기 때문이다. 내 안에 일렁이는 사랑, 숯과 같은 사랑, 햇빛 같은 사랑. 그들이 있기에 나는 따스히 움직이고 미소 지을 수 있다. 그런 내 사랑의 기원은 엄마이다.

온전히 나의 존재를 바라봐 주는, 나의 숨을 소중히 여겨주는 사람. 엄마는 내게 그런 사랑을 주는 사람이다. 그리고 내게 사랑스러운 세상의 모습들을 보여주었다. 평화로운 오후의 도서관, 햇빛에 부서지는 먼지들. 비 오는 날 부쳐 먹던 부침개, 문방구 뽑기 기계. 그건 평범한 일상 속 엄마가 사랑으로 그려준 행복이었다. 제주 지평선 바다, 그 위 몽글한 구름들, 봄을 머금은 유채꽃. 엄마와 가던 캠핑장에서, 서울을 떠난

제주에서 나는 자연의 사랑을 느낀다.

  그렇게 사랑들은 내 안에 작은 난로가 된다. 난로는 주변을 편안하게 해주었다. 시린 추위 속에서 나는 친구들과 그 난로 속에 우정이라는 장작을 때고는 했다. 우리의 우정은 글에 담긴 사랑을 다루는 우정이었다. 이후에도 난로는 나의 눈물 젖은 마음을 따뜻하게 말려주기도 한다.

  우리는 때론 세상에 상처받고 또 치유받는다. 그 모든 건 사랑으로부터 오는 듯하다. 나만큼 엄마를, 동생을, 가족을 사랑했다. 그리고 나 역시 내가 나를 사랑한다고 믿고 있었다. 전교 1등, 상장들, 예쁜 딸, 착한 손녀. 그게 그동안 날 사랑하게 만들어주었다. 하지만 나는 나를 사랑했던 걸까? 나는 만족하지 못했다. 나를 진정으로 사랑하지 않기에. 나는 꺼지지 않는 컴퓨터가 되어버렸다. 스스로를 풀가동시켜야 잠들 수 있었다. 나는 나를 가뒀고 숨겼다. 예전처럼 다시 나의 불씨를 살려보려 했지만 애쓰면 애쓸수록 나의 심지에는 재만 남았다는 걸 확인할 뿐이었다. 식어버린 난로와 함께 내 마음 속 깜깜한 어둠이 내려앉았다. 수식어가 빠진 내가 부족하게만 느껴졌다.

  결국 다시 나의 난로를 따뜻하게 해준 것은 '사랑'이었다. 나에 대한 사랑. 사랑을 떠올리면 무엇이 생각나는가? 이전의 나는 가족들의 얼굴, 타인만이 떠올랐었다. 하지만 이제는 '나'에 대한 사랑으로 내가 누구인지 비춰보고 있다. 사랑이 아니면 용기가 나지 않는다. 사랑이 없다면 사회의 욕망이 흡수된 내 안의 욕심이 아우성칠 뿐이다. 소리 없는 비명 속 사랑으로 나를 비춰보라. 사랑은 그를 볼 용기를 쥐여준다. 내가 누구인지. 내 마음 한구석이 뜨끈히 데워지며 나오는 목소리는 누구인가. 내 마음의 난로는 어디에 있는가? 나의 사랑은.

그래서 나는 '사랑'에 감사하며 나만의 사랑을 정의 내릴 수 있게 되었다. 사랑은 '살아가는 것'이다. '숨' 그 자체로 모든 건 사랑스럽다.

*숨 쉬는 것은 어떤 모양이건*
*무슨 일을 하던 다 사랑스럽다.*
*사랑을 하는 사람은 더 사랑스럽다.*

그래서 이제는 엄마가 해준 사랑 그릇에 관한 말이 다르게 소화된다. 큰 그릇 작은 그릇 상관없이 우리는 타인에 의한 사랑에는 끝없는 갈증을 느끼는 것 같다. 그 그릇을 채울 수 있는 건 온전한 자기 자신에 대한 사랑이 아닐까? 그동안 나는 그걸 몰라서 아파도 아픈지 모른 채, 스스로에 대한 비난을 멈출 수가 없었다. 그날 밤. 엄마의 말을 듣고 나는 아무 말도 하지 못했다. 그런데 이제는 말할 수 있을 것 같다.

"아니. 엄마. 그 그릇은 내가 채웠어야..., 아니 지금 채우는 중이야."라고.

모든 건 다 사랑 덕분이다. 내 마음속 난로는 나의 그릇을 비춰주었다. 이제는 안다. 나의 그릇에 무엇을 담아야 하는지를. 담기를 원하는지를. 사랑에 감사하며 모두가 서로를, 자신의 삶을 사랑스레 비춰주기를 간절히 바라본다.

-2025년 1월의 어느 날, 봄을 기다리는 히아신스 향기와.-

## no.43

# 신선주

❏ 소개

1. 주주케어(아름다운 삶의 주인공 그리고 케어) 대표
2. 동남보건대 피부미용과 졸업
3. 전 차움 테라스파 수석테라피스트
4. NAHA 국제아로마 테라피스트
5. ACCESS Bars facilitator
6. 심리 상담사 1급 자격증
7. 암환자 전문 심리 상담사 수료
8. BNI 사업가 모임 활동
9. 24시간 아로마 마음치유 대표

❏ 연락처

1. 인스타그램: annie_seonju_
2. 유튜브 검색: 애니의 일기

# 나의 감사일기

감사일기는 나에게 많은 의미를 담고 있다. 나는 밝고 맑은 기운을 가지고 살아왔고, 어두움보다는 밝은 면을 추구하며 삶을 살아왔다. 그래서 가끔은 힘든 내색을 못 했었다. 삶을 대하는 자세도 모든 것을 긍정적으로 생각하는 삶을 살았다고 자부한다. 그러던 어느 날 약 12년 이상 예전의 일이었다.

페이스북에서 친구 한 명이 재미있는 릴레이를 하게 되었고 그것이 바로 감사일기였다. 그 재미있는 릴레이는 하루에 3가지 감사한 일을 페이스북 게시글로 3일을 적고 그 글마다 3명을 태그해서 태그된 그 사람이 이 릴레이를 이어 가는 재미있는 방식이었다.

처음엔 3가지의 감사한 일을 찾는 것이 생각보다 어렵고 그것을 게시글로 올린다는 것이 나에게는 약간의 부담이 되었다. 하루가 지나고 이틀이 되고 생각을 해보니 내 삶에 감사한 일들이 참 많았다는 것을 깨달았다. 그렇게 나의 첫 번째 감사 일기 경험이 지나갔다.

지금은 간헐적으로 감사일기를 적고, 감사일기를 적어야 한다고 생각하는 또 다른 이유가 있다. 앞선 공저 4편 『내 삶의 귀인』 책에 언급했던 나의 멘토 스티븐(이경훈)의 행복백만장자 수업을 듣고 나는 부의 의식과 에고(무의식, 자아)에 관하여 자세하게 수업을 여러 번 듣게 되었었다. 그때 스티븐은 다양한 방법으로 나의 의식이 어떠한지, 왜 우리가 감사를 해야 하는지에 대해 다양한 방법과 관점으로 알려주었다. 반복적인 수업을 통해 내 삶은 많이 바뀌었고, 열심히 살았던 과거의 나에게도 감사를 할 수 있었다. 스티븐의 행복백만장자 수업을 이후로 나는 지금도 틈틈이 감사일기를 적고 있다. 참고로 나는 일반 일기는 잘 적지 못하는 그런 사람이다.

마지막으로 감사일기는 크게 아팠던 시기에 나에게 큰 힘이 되었다. 스티븐의 강의를 듣고 다시 예전의 내 습관으로 돌아와 살고 있었다. 어느 날 코로나 백신을 맞고 나는 크게 아팠다. 그것도 아무도 믿지 못할 큰 병을 얻었다. 그때 다시 감사 일기를 적으며, '아 나에게 감사한 것들이 이렇게 많았는데 또 잊고 살았구나'라고 생각을 했다.

먹을 수 있음에 감사하고 걸을 수 있음에 감사했다. 어떻게 보면 이 병이 코로나 백신으로 인해 생겼을 수도 있지만 그 또한 의미가 있겠다고 생각하고 감사일기를 적었다. 어쩌면 삶을 잘 마무리하고 갈 수 있는 그런 시간이 주어진 것으로 생각하며 또 감사일기를 적어 갔다.

지금도 정기 검진을 가기 전에는 약간 불안한 느낌이 들지만, 그래도 소중하고 감사하며 건강하게 살고 있다. 감사일기를 쓰지 않았다면 느끼지 못했을 작은 것들의 소중함과 당연하다고 생각했지만 당연하지 않았던 모든 것들이 참 감사하다.

지금 나는 청담동에서 1인 사업가로 주주케어(삶의 주인공 그리고 케어)라는 종합케어 센터를 운영하고 있다. 이곳에서는 Access Bars(두뇌정화테라피)부터 얼굴관리, 경락관리, 임산부관리 아로마테라피 아로마 심리 치유까지 받을 수 있다.

이곳에 오는 모든 고객에게 세상에 당연한 것이 없고 모든 일이 참 감사하다는 것을 알려주곤 한다. 좋은 일도 나쁜 일도 모두 우리가 과거에 했던 선택의 결과이고 만약 안 좋다면 그것을 통해 배울 수 있다고.

우리가 무언가를 선택할 수 있고 무언가가 이뤄지고 있는 이 순간도 감사한 순간이라고 이야기를 많이 하곤 한다. 이곳에 방문하는 고객님들은 단순한 관리가 아니라 나의 밝고 긍정적 감사 에너지에 이끌려 20년째 방문하고 있다. 이는 매우 감사한 일이다. 어떨 때는 감당하기 어려운 고객들이 방문하기도 하지만, 이 부분 또한 내가 배울 수 있는 기회라고 생각하며 발전해 나가고 있다.

다시 미뤄뒀던 감사일기를 적어야겠다. 감사일기를 적고 주변에 하루에 3가지 감사 일기를 쓰라고 권유할 때 나는 다시 한번 당연한 것이 없다는 것을 느낀다.

이 빛과 공기, 모든 것들이 당연한 것이 아니라 모든 것이 감사함을 느끼는 순간부터 내 삶이 바뀌었다.

끝으로 글을 쓸 수 있게 용기와 도움을 주신 나연구소 우경하 작가님에게 감사드린다.

no.44

# 안재경

❏ 소개
1. 유닛스튜디오 대표
2. 마벨꾸띠끄 대표
3. 프롬마벨 사내이사
4. Assorti 정립자
5. VCA

❏ 연락처
1. 인스타: think_star_
2. 사이트: unit-st.com
           mabellegguttique.shop

# 멈춰야
# 보이는 것들

　사업을 시작한 지 어느덧 10년이 넘었다. 하지만 그 시간 동안 뿌듯함이나 성취감보다는 '아직 더 해야 한다'라는 생각에 사로잡혀 있었다. 마치 멈추는 순간 모든 것이 무너질 것처럼, 나는 쉬는 법도 모른 채 앞으로만 달려왔다. 그렇게 무리한 탓일까. 어느 날, 내 몸이 한계를 넘어서고 있음을 강제로 깨닫게 되는 일이 벌어졌다.

　처음 허리 통증이 찾아왔을 때도 나는 대수롭지 않게 여겼다. '조금만 쉬면 괜찮겠지'라는 생각으로 버텼지만, 어느 순간 완전히 쓰러지고 말았다. 그제야 '허리가 아파서 쓰러진다'라는 말이 무엇을 의미하는지 온몸으로 깨달았다. 화장실을 가는 것도, 밥을 먹는 것도 힘들었다. 하루라도 자리를 비울 수 없다고 믿었지만, 결국 강제로 쉬어야만 했다. 처음에는 초조함과 답답함만이 가득했다. 몸도 불편했지만, 무엇보다 마음이 더 힘들었다.

　하지만 시간이 지나면서, 나는 처음으로 내 생활을 일인칭 시점이 아닌 삼인칭 시점으로 바라보게 되었다. 처음으로 와이프와 동료들의 생활을 다른 시선에서 바라보게 된 것이다. 내가 지금까지 사업을 유지하고, 새로운 시도를 할 수 있었던 것은 순전히 내 힘만이 아니었다. 회사가 돌아가는 것은 직원들이 있었기 때문이고, 내가 새로운 길을 개척할 수 있었던 것도 주변의 든든한 지원 덕분이었다. 그리고 무엇보다도, 나의 곁을 묵묵히 지켜준 아내의 존재가 얼마나 컸는지를 깨닫게 되었다.

몸이 회복될수록 내 마음도 조금씩 달라졌다. '더 해야 한다'라는 강박 속에서 늘 부족함만을 느꼈지만, 사실 나는 이미 많은 것을 이루었고, 소중한 것들을 가지고 있었다. 그리고 지금도 내가 해보고 싶은 것들을 시도할 수 있는 환경이 마련되어 있다는 사실이 감사하게 다가왔다. 그러자 자연스럽게 일에 대한 태도도 변했다. 과거에는 목표를 향해 앞만 보고 달렸지만, 이제는 주변을 둘러보며 과정을 즐길 여유도 생겼다.

앞으로 나아가는 것만이 유일한 길은 아니라는 걸 깨달았다. 나는 늘 모든 일을 직접 해야만 하고, 그렇게 못하면 불안함을 느끼는 사람이었고, 타인에게 맡기는 것이 어려웠다. 하지만 이제는 즉흥적으로 변화에 적응하고, 때로는 멈춰 서거나 방향을 바꾸는 것이 더 나은 선택이 될 수도 있다는 걸 안다. 오히려 그럴 때 보이지 않던 것들이 보이고, 당연하게 여겼던 것들이 더없이 소중하게 느껴졌다. 그리고 그렇게 하면서 나를 도와주는 이들에게 더 많은 신뢰와 책임을 맡길 수 있는 용기도 생겼다.

지금도 나는 도전하고 있다. 하지만 이제는 나 혼자가 아니라는 걸 안다. 그리고 그 사실만으로도 나는 충분히 행복하다. 내 주변을 더욱 소중하게 여기고, 힘들 때 기댈 수 있는 존재가 있다는 사실에 감사한다.

앞으로도 많은 도전을 하겠지만, 그 과정에서 함께하는 이들을 잊지 않고 감사하는 마음으로 나아가려 한다. 내가 이루고 싶은 목표들은 여전히 많지만, 이제는 그것들을 함께 이루어가는 과정이 더 중요하다는 걸 깨달았다. 그리고 나는 그렇게, 더 단단해지고 있다.

# no.45

# 이언주

❏ 소개
1. 마벨꾸띠끄 대표원장
2. 비주얼크리에이터협회장
3. 프롬마벨 대표
3. 미스코리아 심사위원
4. MBC아카데미 교육강사
5. LBI럭셔리 브랜드 그루밍강사
6. 제이아트 영화팀 팀장
7. MBC미술센터 (분장,미용)

❏ 연락처
1. 블로그: https://blog.naver.com/mabelle_s
2. 인스타: eon_blue__
3. 유튜브: 마벨꾸띠끄

# 내 몸이 보내온 신호,
# 그리고 감사

나는 30대가 넘도록 한 번도 제대로 된 건강검진을 받아본 적이 없었다. 창업 후 하루하루가 바빴고, 일에 쫓기다 보니 내 몸을 챙기는 일은 항상 뒷전이었다. 그래도 건강에는 자신이 있었고, 특별히 아픈 곳도 없었기에 건강검진이 꼭 필요하다는 생각조차 하지 않았다. 하지만 시간이 지나면서 주변에서 건강검진을 권하는 사람들이 하나둘 늘어갔고, 결국 큰 결심을 하고 처음으로 건강검진을 받게 되었다.

검진 결과가 나오고 의사 선생님의 표정이 심각해졌다. 내 몸속에서 상당히 큰 용종이 발견된 것이다. 처음에는 단순한 용종일 거로 생각했지만, 크기가 예상보다 커서 대학병원에서 정밀 검사를 받아야 한다는 말을 들었을 때 머릿속이 하얘졌다. '혹시 악성은 아닐까? 수술이 필요하다면 어떻게 해야 할까?' 불안감이 밀려왔지만, 이제야 내 몸이 보내온 신호를 듣게 된 것 같았다.

대학병원에서 정밀 검사를 진행했고, 결과를 기다리는 며칠

동안 수많은 생각이 스쳐 지나갔다. 사업을 시작한 후 오직 일에만 몰두하며 살아왔고, 가족과 친구들과의 시간도 줄어들었다. '혹시라도 내가 건강을 잃으면, 그동안 내가 쌓아온 것들은 어떻게 될까? 만약 수술해야 한다면, 나는 얼마나 쉬어야 할까?' 내 몸을 돌보지 않은 것에 대한 후회와 함께, 처음으로 내 삶을 되돌아보게 되었다.

다행히 수술은 가능했지만, 정말 조금만 더 늦었더라면 개복 수술이 불가피했을 거라는 의사의 설명을 들었다. 순간 가슴이 철렁했다. 한 걸음만 늦었더라면 나는 훨씬 더 큰 고통을 감내해야 했을지도 모른다. 하지만 다행스럽게도 개복 수술 없이 내시경을 통해 용종을 제거할 수 있었고, 수술도 무사히 끝났다. 회복하는 동안 몸은 힘들었지만, 마음은 오히려 평온했다. 오랜만에 쉬는 시간을 가지면서 내 주변을 돌아볼 수 있었기 때문이다.

수술 후 가장 먼저 든 감정은 '감사'였다.

나는 여태껏 일에 몰두하며 스스로 모든 걸 감당해야 한다고 생각해 왔다. 하지만 내가 병원에 있는 동안, 나를 대신해 회사를 운영해 준 직원들이 있었다. 내가 없어도 각자의 자리에서 최선을 다해준 덕분에 사업은 계속 굴러갔고, 그 모습이 너무나도 고마웠다. 늘 당연하게만 여겼던 직원들의 존재가 얼마나 소중한지 다시금 깨닫게 되었다.

또한 부모님과 남편의 사랑도 깊이 느꼈다. 병실에서 깨어날 때마다 내 옆을 지켜주는 부모님과 남편이 있었다. 나는 괜찮다고 했지만, 그들은 내가 건강을 회복할 때까지 한시도 마음을 놓지 못했다. 하루라도 빨리 나아지길 바라는 그들의 눈빛을 보며, 나는 이들 덕분에 다시 일어설 힘을 얻었다. 평소에는 너무 익숙해서 깊이 생각하지 않았던 가족의 사랑이, 수술을 계기로 더욱 소중하게 다가왔다.

이제 나는 하루를 마무리할 때마다 감사한 것들을 떠올린다. 건강을 되찾은 것에 감사하고, 내 곁을 지켜준 사람들에게 감사하며, 함께 일하는 직원들에게도 감사한다. 과거의 나는 일과 성취만을 좇으며 앞만 보고 달려갔다면, 이제는 한 걸음 멈춰서 주변을 돌아볼 줄 아는 사람이 되고 싶다. 감사는 내가 가진 것들을 더욱 빛나게 해주는 힘이 있다는걸, 이 경험을 통해 배웠다.

그때 발견된 용종은 내 몸이 보내온 신호였고, 나는 그 신호 덕분에 내 삶을 돌아볼 기회를 얻었다. 그리고 나는 매일 감사한다. 오늘도 이렇게 살아갈 수 있다는 것에.

no.46

# 김성환

❑ 소개
1. 엘림비젼교회 담임목사
2. 강동기독실업인회 회장
3. 전자책, 종이책 공동저서 포함 출판
4. 한국요양선교회 회장
5. 엘림비젼방송 (구독자 2만명)대표
6. 서울시 자랑스런 시민상수상

❑ 연락처: 010-7190-1001
이메일: vip3426@naver.com

# 엘림비전 공동체
# 하나님의 은혜 감사

   사도행전 4장 32절부터 37절은 초대 교회가 하나 되어 서로 사랑하고 나누며, 하나님의 뜻을 이루어가는 모습이 묘사된 중요한 말씀입니다. 우리는 교회 공동체가 어떻게 하나님 앞에서 하나가 되어 서로를 배려하고, 물질적으로나 영적으로 나누는 삶을 살아야 하는지 깊은 교훈을 얻을 수 있습니다.

   이 말씀을 바탕으로 엘림비전 공동체가 지난 10년간 은혜의 여정을 걸어왔음을 감사하며, 또한 앞으로 사도행전 29장을 함께 써가는 공동체로 성장해 나가기를 소망하는 마음으로 함께 은혜를 나누고자 합니다.

   사도행전의 이 말씀은 초대 교회가 얼마나 하나 된 마음으로 살아갔는지를 보여줍니다. *"믿는 사람이 한 마음과 한뜻이 되어..."* 라는 말씀에서부터 이들은 서로를 나누고, 가진 것을 공동체의 필요에 맞게 사용하며, 교회 안에서 신뢰와 사랑으로 서로를 지지한 모습을 볼 수 있습니다.

   이 본문에서 핵심적인 것은, 그들이 물질적인 것을 넘어서 서로의 마음과 생각까지도 하나로 만들어 갔다는 점입니다. 특히 *"그들 중에 가난한 사람이 없으니"* 라고 기록되어 있습니다. 이는 물질적인 나눔뿐만 아니라, 서로를 배려하고 도와주는 사랑의 실천을 의미합니다.

그들의 마음속에는 하나님의 사랑이 가득 차 있었고, 그 사랑은 곧 공동체 안에서 실천적으로 나타났습니다. 이처럼 초대 교회는 믿음의 공동체로서 물질을 나누는 것 이상으로, 마음과 뜻을 하나로 모으는 데 집중했습니다.

☑ **엘림비전 공동체의 10년 은혜의 여정**

엘림비전 공동체는 지난 10년 동안 하나님께서 부어주신 은혜 속에서 많은 성장과 변화를 경험했을 것입니다. 엘림비전 공동체의 10년은 단순한 시간이 지나간 것이 아니라, 하나님의 사랑을 체험하고 그 사랑을 실천하며 살아온 시간입니다. 성도들이 서로를 사랑하며, 기도하고, 나누며, 하나님의 뜻을 이루기 위해 함께 헌신한 그 모든 시간은 결국 하나님의 은혜였음을 깨닫게 됩니다.

☑ **사도행전 29장을 함께 써가는 공동체로**

사도행전 28장에서 사도 바울은 로마에서 복음을 전하며 사역을 마칩니다. 그러나 사도행전은 여기서 끝나지 않습니다. 그 이후의 이야기를 사도행전 29장으로 볼 수 있습니다.

사도행전 29장은 사실 글로 기록된 책은 아니지만, 우리의 삶 속에서 계속해서 쓰여가고 있는 복음의 이야기입니다. 우리는 바로 그 '사도행전 29장'을 써가는 주인공들입니다. 하나님께서는 여전히 우리를 통해 일하시며, 우리의 삶 속에서 복음의 역사를 써가고 계십니다.

엘림비전 공동체도 마찬가지입니다. 지금까지 걸어온 10년의 세월은 이미 많은 은혜와 기적의 이야기들로 가득 차 있습니다. 그러나 우리는 여기서 멈추지 않습니다. 엘림비전 공동체는 앞으로도 하나님의 뜻을 이루기 위해 계속해서 사도행전

29장을 써가야 합니다. 우리의 사역은 계속해서 확장되어 가고, 새로운 영혼들이 하나님의 사랑을 경험하게 될 것입니다.

☑ **한마음 한뜻이 되어 하나님을 기쁘시게 하는 공동체**

우리는 모두 다르지만, 예수 그리스도를 중심으로 하나 된 공동체로서, 서로의 부족함을 채워주고, 사랑으로 섬기는 삶을 살아야 합니다. 이것이 바로 초대 교회가 하나님의 뜻을 이뤄갔던 방법이었고, 엘림비전 공동체가 앞으로도 지켜나가야 할 중요한 가치입니다.

엘림비전 공동체가 하나님의 뜻을 이루어가려면, 각자가 자기 자신을 내려놓고, 하나님의 뜻을 구하며 살아가는 삶을 살아야 합니다. 그리하여 모든 성도가 하나의 마음으로 모여 하나님을 기쁘시게 하는 삶을 살아갈 때, 그 공동체는 강하고 아름답게 성장할 것입니다.

우리는 사도행전 4장의 말씀을 통해 초대 교회가 어떻게 하나 된 마음으로 살아갔는지 배울 수 있습니다. 또한 그들이 물질과 마음을 나누며 공동체를 이루어갔던 모습은 우리에게 큰 도전이 됩니다. 엘림비전 공동체는 그동안의 은혜를 감사하며, 앞으로도 하나 된 마음으로 사도행전 29장을 써가는 공동체가 되기를 소망합니다.

엘림비전 공동체가 하나님의 인도하심을 신뢰하며 나아갑시다. 우리의 믿음, 소망, 사랑으로 세상을 변화시키는 힘이 되기를 바라며, 엘림비전 공동체가 하나님의 영광을 나타내고 지역사회 나눔과 기쁨이 되는 엘림비전교회 성도들과 함께 사도행전 29장을 써 내려갑시다. 할렐루야!~

## no.47

# 우정희

❏ 소개

1. (현) 청도재가노인복지센터 센터장
2. 한세대학교 사회복지행정학과 박사
3. 미국로드랜드대학 자연치유학 NLP 마스터 프랙티셔너
4. 대한웰다잉협회 동대문지회장
5. 강덕무관총본관 (1972) 쿵후 우슈태극권 운동처방사
6. 한국자서전협회 동대문지부장 대필작가
7. 닉네임 포텐셜 모티베이터 우정희

❏ 연락처

1. 네이버 블로그 검색 : 우정희
2. https://blog.naver.com/sungwoo39
3. https://www.youtube.com/channel/UCim6xxDUcRVXBtFyCjh3GmQ

# 감사로 배운
# 긍정 마인드와 헌신

 나는 힘든 순간에도 좌절하지 않고, 이를 성장과 배움의 기회로 삼아왔다. 도전과 어려움 속에서도 희망을 찾고, 긍정적인 시각으로 전환하는 힘을 가지고 있음에 감사함을 느낀다.
 감사일기를 꾸준히 작성하면서 무의식과 잠재의식 수준에서도 감사가 충만해졌다. 성취감과 자아 존중감이 높아지고, 다음 단계의 행동과 방향성을 더욱 명확하게 발견할 수 있었고, 앞으로 어떻게 살고 싶은지에 대한 비전이 선명해졌다. 무엇보다 감사를 기록하는 과정에서 행복했던 순간과 감정을 표현했던 기억, 여행하며 느꼈던 기쁨 등이 떠오르며 긍정적인 에너지가 더욱 커졌다. 매 순간 감사가 넘쳐나고 잠재의식 수준에서 감사가 풍요로워질 때까지 계속 써야겠다는 생각이 들었다. 찌질했던 시간과 못살았던 시기에 대에 기록할 때 잠깐 멈추기도 하고 무거움이 있었고, 좋은 것만 쓰고 싶은 마음도 있었지만, 그런 순간에서도 최선을 다해준 나 자신이 고마웠기에 진솔하게 써 내려갈 수 있었다. 감사일기를 통해 내가 지나온 길을 되돌아보며, 부족했던 순간조차도 나를 성장시켜 준 과정이었음을 깨닫게 되었다. 만나는 모든 사람이 감사한

존재이며, 나에게 오는 모든 것이 신호가 되고, 그 안에서 배움과 성장, 깨달음을 얻는다.

### ☑ 감사일기 속 특별한 세 가지 순간

2022년도 감사일기를 작성하며 1,210개 중 가장 인상 깊었던 세 가지를 뽑아봤다. 이 특별한 순간들은 내 삶에서 중요한 전환점이 되었고, 감사가 어떻게 깊이 자리 잡았는지를 보여주는 증거가 되었다.

첫 번째, 힘들었던 시기를 극복하고 나 자신을 위로했던 시간이었다. 그 순간을 다시 떠올리며 '나는 이겨낼 수 있다'라는 확신을 가지게 되었고, **자신을 더 사랑**할 수 있게 되었다.

두 번째, 가족과 함께한 따뜻한 시간이었다. 평범한 하루였지만, 그 순간을 감사일기에 기록하면서 사소한 일상에서도 감사할 수 있다는 것을 깨달았다. 감사는 거창한 것이 아니라, 작은 순간들을 소중하게 바라보는 시각이라는 것을 배웠다.

세 번째, 리더들의 리더가 되고 싶은 나의 꿈과 연결된 경험이었다. 리더들은 다르게 생각하고 다르게 행동하며, 세상을 변화시키는 사람들이다. 나는 그런 영향력을 전하는 사람이 되고 싶었고, 이를 위해 언어를 훈련하고 강의력을 기르며, 리더십을 행동으로 실천하는 것이 중요하다는 것을 깨달았다.

리더들을 훈련하는 리더로 성장하며 많은 사람의 잠재력을 깨우고, 그들이 세상을 바꿀 수 있도록 돕는 것이 나의 사명이라는 확신을 가지게 되었다. 나는 도전하고 훈련하며, 나를 끊임없이 성장시키는 과정에서 감사의 의미를 더욱 깊이 새길 수 있었다.

이 세 가지 순간을 되돌아보며, 감사일기는 단순한 기록이 아니라 나의 삶을 성장시키고 의미 있는 방향으로 이끄는 힘이 된다는 것을 확신하게 되었다.

1,210개의 감사일기를 단순한 기록이 아니라, 삶의 중요한 가치를 발견하고 이를 실천하는 도구로 활용하고자 한다. 감사기록을 통해 자존감을 키우고 자신의 가능성을 발견하며, 원하는 꿈을 실현하는 방법을 사람들에게 전하고 싶다.

자신이 선택한 삶을 힘 있게 디자인하고, 자신의 가치를 발견하며, 궁극적으로 행복한 삶을 만들어가도록 돕고 싶다. 나는 이러한 활동을 통해 많은 사람의 삶에 긍정적인 변화를 일으키고, 그들이 자신의 삶을 주도적으로 살아가도록 돕는 것이 나의 사명임을 다시금 깨닫게 되었다.

청도재가노인복지센터를 운영하며 감사의 가치를 더욱 깊이 실천하고 있음을 느낀다. 어르신들과의 만남 속에서 감사의 힘이 얼마나 삶을 풍요롭게 만들 수 있는지를 경험하며, 돌봄과 치유가 단순한 서비스가 아니라 따뜻한 연결과 나눔이 될 수 있음을 깨닫는다. 그리고, 사회복지사로서 감사의 힘을 활용하여 돌봄과 치유를 실천하고, 사랑을 전하는 강사로서 사람들에게 감사를 통한 성장과 변화를 전파하는 것이 나의 역할임을 더욱 확신하게 되었다.

감사는 삶을 바꾸는 가장 강력한 힘이다. 감사가 내 삶을 변화시켰듯, 당신의 기록도 새로운 가능성을 열어줄 것이다.

지금 함께 감사를 기록해 보자.

no.48

# 김미례

❏ 소개
1. I COLOR 'n BRAIN 연구소 대표
2. 폴리텍V대학교 산학협력단 강사
3. 산림청 공인 산림치유 1급 지도사
4. 국가공인 브레인트레이너, 뇌교육지도사
5. 한국색채심리분석연구소 마스터 강사, 자연건강 및 웰다잉 지도사
6. 중앙공무원교육원, 교통문화연수원
   익산시청 등 관공서 및 기업체 강의 다수
   - 고객만족경영, 프리젠테이션기법, 조직 커뮤니케이션, 직업윤리
   - 뇌과학, 명상, 웰다잉, 색채심리 등 각 종 심리정서지원 프로그램

❏ 이메일 colorlight0@naver.com

# 아들, 고마워

*"귀하고 귀하고 귀~하다 ♪*
*착하고 착하고 착~하다. 장하고 장하고 장~하다 ♬ "*

아이 등을 토닥이거나 혼자서 아이를 떠올릴 때 늘 속으로 운율을 넣어 읊조리던 가락이다. 귀함은 존재 자체요, 착함은 삶의 태도요, 장함은 사회의 역할로 나름 의미 부여한 '서동요'가 아닌 '진우동요'인 셈이다.

이제 이 귀하고 착하고 장하게 잘 자란 아들이 내게 *"그만! 내가 알아서 할게."* 큰소리 뻥뻥! 이다. 단체로 캠핑을 가고 집에서 함께 음악 듣고 차 마시며 알콩달콩 애틋한 이야기를 나누던 호시절은 지나갔다.

아이를 갖기 전 나는 장차 내게 올 아이의 영혼에 말했다. *"아이는 재롱 피우는 시절에 이미 효도를 다 한 것이라고 하지만, 우리는 떨어져 있어도 텔레파시가 통하고 일상에서 서로 성장을 돕는 일생의 스승으로 오시오. 미래 세대와 연결될 수 있는 통로가 되어 주길 바라오. 못다한 세상 공부도 그대 성장에 따라 함께 공부하며 나아갈 수 있다면 정말 좋겠소."*

그리고 나는 아이를 낳으면 산 옆 오래된 집을 황토와 편백으로 리모델링해서 살겠다고 생각했다.

감사하게도 인생 미션 중 하나였던 불혹의 인도 여행을 다녀온 후 정말 한 아이의 영혼이 우리의 삶에 찾아와 주었다. 아이를 낳고 첫 얼굴을 마주하던 순간의 신기함과 환희심은 지금도 너무 생생하다. 출산을 장려하는 요즘과는 달리 그 시절 임신한 직장 여성은 여러 불리한 상황을 감수해야 했다.

  나는 다행스럽게도 노산에 대한 많은 배려 덕분에 이쁘고 건강한 아이를 무사히 낳을 수 있었기에 더더욱 감사했다. 반면 출산 후 자잘한 도움이 절실한 육아는 정말 녹록지 않았다. 당연히 개인적인 성향과 일, 취미는 다 접고 말로 다할 수 없는 힘듦이 있었지만, 오히려 철든 나이에 보다 인생 전반에 걸친 긴 관점을 가질 수 있었다. 또 40년 세대 차이를 최소화하려니 사회 가치관 변화나 교육에 더 관심 두고 공부하며, 보다 젊게 생활하려고 운동과 취미활동을 활발하게 한 것도 아이 덕분에 나아진 내 삶의 큰 감사인 셈이다.

  아이도 우당탕탕, 한창 에너지 넘치는 학창 시기이니 이러저러한 사연도 없지 않았으나 건강한 체력으로 단체 활동에 잘 적응한다. 또 가끔 애틋한 표정으로 내게 애정 표현하는 친구들에 대한 정도 각별하다. 농구, 오케스트라와 일렉기타 연주 등 각종 취미활동도 즐기며 홍보동아리에서 발표를 맡을 만큼 학교를 좋아한다.

  남편도 아이 교육에 관한 것은 전적으로 내게 위임하며 잘 따라준다. 이런 우리 가족을 보며 늦깎이 아토피 육아맘을 안타까운 시선으로 바라보던 지인들도 '너는 성공했다'라고 말해주니 아직 갈 길이 멀지만 중간 지점은 제법 잘 통과하고 있는 듯 감사하다.

유치원에 채식 도시락을 싸서 다니며 그 흔한 아이스크림이나 과자, 통닭도 마음대로 못 먹던 시절을 잘 견뎌준 착한 아이. 건강식품을 한 줌씩 먹으며 힘들어도 효과 있는 거라면 엄마가 시키는 대로 다 따라준 덕분에 키와 피부, 면역력도 또래와 뒤처지지 않게 잘 자라준 장한 아들.

"엄마는 복인 줄 알아, 요즘 이런 아들이 어딨어." '딸들도 이렇게 안 해, 내가 특별히 해주는 거야."

엄청난 생색과 함께 천변 산책을 하고 가끔 영화도 같이 보는 귀한 아들.

"아들, 엄마 곧 들어가니 쌀 씻어서 밥 좀 안쳐줘~!" 하면 이제는 나보다 더 보송보송한 밥을 맛있게 하고 설거지와 수건 접기, 종종 욕실 청소하는 황송한 아들.

물론 한 번씩 해주는 것보다 따라다니며 치워야 할 게 더 많이 생기는 대한민국의 평범한 아들과 여전히 소소한 일로 흥분하다 진정하고, 사과하다 언쟁하기를 반복한다. 하지만 이런 투덕거림이 부모 자녀 간 담쌓기보다는 훨씬 건강한 친밀감과 관계 형성을 위해 가치 있는 일이라 여겨진다. 그러기에 이런 소통의 롤러코스트 끝에 마주하는 흐뭇함도 있다.

이제 세월이 더해 갈수록 서로에 대한 이해의 폭과 깊이를 더해간다. 이런 평범한 우리네의 여정이 귀하고 우리 부부 삶의 희로애락, 가장 큰 감사일기의 주인공!

"아들, 고마워!"

no.49

# 정진우

❏ 소개
별무리 고등학교 학생

❏ 연락처
210731@bmrschool.org

# 엄마 아빠 고마워

　하루에 적어도 한 번 이상은 엄마랑 싸우던 시절이 있었다. 지금 생각해 보면 별것도 아닌 게임, 툴툴거리는 말투, 세대 차이 같은 문제들로 소리 지르며 문밖까지 나가곤 했다. 어느 날 또 엄마랑 한참을 싸우다 현관문 박차고 나와 편의점에서 라면을 먹고 있었다. 그리고 인스타그램이나 보면서 화를 삭이고 있던 도중 평소엔 눈여겨보지 않았던 인스타그램 게시물들을 보게 됐다.

　나와 비슷한 고등학생이 인터넷에 엄마가 핸드폰을 안 사줘서 싸운 이야기를 늘어놓으며 화풀이하고 있는 글이었다. 또래 학생들은 덩달아서 댓글에 자기 부모님도 욕하고 있었지만, 어른들이 쓴 답글은 좀 달랐다. 장난스럽기만 한 인터넷 세상이지만 다들 잊고 있었던 것이 떠오른 듯 진지한 분위기로 쓴 답글이었다.

　"학생, 나도 그럴 때가 있었어, 근데 지금 생각해 보면 얼마나 후회스러운 줄 몰라…. 항상 내가 엄마한테 화를 낼 때면 어머니는 "너 내가 아니라 모르는 사람이나 선생님이었어도 그렇게 버릇없게 말할 거야?"라고 하시곤 했는데 지금 생각해 보면 참 죄송해. 항상 내 편인 부모님께는 감사하고 예

*의를 갖출 줄 몰랐던 내가 부끄럽기도 하고, 그때로 돌아갈 수 있다면 꼭 감사하다고 전하고 싶어."*

읽고 나서의 감정은 참 복잡했다. 조금 전까지만 해도 화나고 짜증만 가득했는데 너무 심하게 모르고 있었다는 생각이 들면서 후회했다. 바로 사과하고 잘해드리기는 좀 부끄러워 아무 말도 하지 못했지만, 다음 날부터는 신경 써서 '고맙다', '감사하다'라고 표현하려 했다.

근데 그렇다고 요즘은 안 싸우냐? 요즘도 줄긴 했지만 자주 싸우곤 한다. 그렇지만 달라진 점이라 하면 싸워도 바로바로 화해하고 금방 사이가 좋아진다. 사소한 것에 '좀 더' 감사하게 된 힘인 것 같다. 엄마 대신 설거지를 해보면 이렇게 귀찮은 걸 맨날 해주심에 감사한 마음이 들고 세상의 이치와 사회를 알아갈수록 부모님이 나에게 주신 경제적 지원에도 감사를 느낀다.

처음엔 우연히 그 게시물을 보고 그때 당시의 상황을 해결하기 위해 잠깐 노력한 것이었지만 지금 감사함을 주제로 글을 쓰다 보니 부모님의 사랑과 감사함으로 여기까지 올 수 있었구나 하고 깨닫게 된다.

매일 저녁 맛있는 집밥을 먹을 수 있어서, 매일 그 밥을 만들어 주는 엄마에게 감사하다. 그리고 가끔 너무 많이 사 와서 엄마랑 같이 투덜대기도 할 정도로 내가 좋아하는 과일이며 식재료를 매일 잔뜩 사 오시는 아빠도 감사하다.

누군가에게는 이 글이 내 개인적인 가족 이야기만 줄줄 늘어놓는 진부한 글일 수도 있을 것이다. *"살면서 감사했던 일이나 감사했던 사람 하면 생각나는 사람 있어?"* 라고 엄마가 물어봤을 내가 가장 좋아했던 선생님도 떠오르고 힘들 때 같이 있어 주었던 친구들도 생각났지만 결국 부모님에 대한 글을 작성해야겠다고 생각한 이유는 '엄마 아빠'는 가장 감사해야 할 사람임과 동시에 가장 감사하기 힘들고 그 은혜를 잊어버리기 쉬운 존재이기 때문이다.

비록 난 18살 고등학생에 엄마에게 때론 버릇없게 굴 때도 있었고 아빠의 바람과는 달리 게임하던 철부지처럼 보일 수도 있다. 하지만 이제 나는 '감사'할 줄 알기에 공부나 관계에 동기부여도 얻고 나름 편안하고 좋은 가정생활을 하고 있다고 생각한다.

물론 막 무조건 부모에게 감사하라! 빨리 가서 감사하다고 말씀드리라 하는 건 아니고 그냥 내가 한참 부모님과 힘들 때 그 인스타그램 게시글에서 댓글을 달아준 한 '어른' 덕분에 작은 깨달음과 깊은 울림을 얻었듯이, 내가 이 글을 쓰고 정리함으로 이 글을 읽게 될 누군가에게 전하고 싶다.

나이가 몇이고 부모님이 별거하셨든 살아계시든 아니든 내가 그 글을 처음 보고 생각이 긍정적인 방향으로 바뀐 것처럼 이 글을 읽는 누구든 조금이나마 부모님께 감사함을 느껴보았으면 하는 바람이다.

no.50

# 정광영

❏ 소개

주산농장 대표

베들한우영농조합법인 대표

❏ 연락처

이메일: colorlight0@naver.com

# 여보, 아들 고마워

"맛나고 좋은 것 아니 아니~ 딸래미 아들래미 키우시며 까맣게 타버린 눈물의 그 세월~ 어떻게 말로 다 할까요 ~~♬ 철없던 작은 아이가 이제는 나이를 먹었죠.."

생전 어머님이 좋아하시던 가수의 노래를 늘 일하시던 텃밭에 틀어 놓았다. 텃밭 옆 나란히 모셔진 두 분의 묘 위에 수북이 쌓인 눈을 손으로 쓱쓱 치워드리니 보기 좋고 마음 흐뭇하다. 형편이 좀 피자마자 텃밭 양지바른 곳에 두 분의 봉분을 높이 쌓고 제단과 묘석으로 산소를 잘 꾸며 평소 오가며 돌볼 수 있게 한 것은 **두고두고 잘한 일이다.**

처음에 우리 가족 삶에서 감사한 것을 얘기 나누고 글로 쓰자는 아내의 말을 들었을 때 매우 부담되었다. 나는 하고 싶지 않았다. 새벽 일찍 장거리 운전과 농장 일로 신경 쓸 게 많은데 뭐 대단히 감사할 게 있다고... 하지만 아내는 며칠째 저녁 식사 후 과일과 차를 들고 TV를 보는 내 옆에 아들까지 함께 데리고 감사와 관련될 법한 이야기를 묻고 또 물었다. 어느새 잊고 있었던 추억들이 하나둘 떠올랐다. 옛이야기를 나누다 보니 가족 간에 서로의 삶을 좀 더 **이해하고 정을 나누는 계기가 되어 감사한 마음이 든다.**

목수이며 주변에서 인심 좋기로 소문난 아버님과 함께 토끼장을 만들던 이야기, 41세에 혼자되어 어려운 형편에 칠 남매를 홀로 기르느라 손 마디마디가 굽도록 고생하신 어머님에 대한 추억, 우리 반 모두에게 뽀빠이를 사주시던 김종서 선생님과의 축구 시합, 아버님을 닮아 손 솜씨가 좋고 운동도 곧잘 해 상사 눈에 띄어 본부 운송관으로 편하게 복무했던 군대 생활, 딸 셋 후에 낳은 장남이라 받은 할머님의 각별한 사랑, 따듯하고 애틋한 마음이 드는 집안 어르신 등등... 소박하고 아련한 추억에 **감사의 마음들이 피어났다.**

또한 삶의 감사라면 누구든 내가 태어난 근본에 대한 감사가 가장 바탕이 되어야 할 것이다. 마땅히 사랑과 은혜로 길러주신 부모님의 마음이 사무친다. 나는 어려운 형편에 약주를 과하게 하셔서 일찍 돌아가신 아버님을 대신해야 했다. 경제적 자립에 대한 의무감에 일찌감치 철이 들었다.

IMF 시절 축산을 시작하면서 여러 가지 우여곡절과 위기도 있었지만 다른 일에 한 눈 팔지 않고 묵묵히 한 길을 걸어왔다. 평상시에도 꾸준히 우시장을 다니며 시세 흐름을 면밀히 살펴 사고파는 시기를 잘 간파했다. 웬만한 일은 직접 하면서 비용을 절감하고 수익을 더하였다.

이것은 노력도 중요하지만, **시세 감각과 체력, 일머리와 운까지 함께 따라줘야 가능하다. 지금까지 무탈하게 이어온 것도 정말 감사한 일이다.** 덕분에 주위에서 인정할 정도로 기반이 닦였다. 가족과 형제들에게도 제법 넉넉히 나눌 수 있게 되었다. 무엇보다도 남편처럼 의지하며 유독 나를 애지중지하셨던 어머님은 큰아들 덕에 형편이 나아졌다며 정말 좋아하셨다. 많은 지인의 도움도 감사하지만, 특히 부모님께 물려받은 인정(人情)과 성실함이 가장 큰 원동력이라고 생각된다. **아버님 어머님께 참으로 감사하다.**

또 내 가족에게만큼은 넉넉하고 좋은 환경을 주고 싶어 물심양면 최선을 다했다. 농번기 때 아내가 간단한 간식과 함께 아이를 데리고 논으로 찾아오면 이앙기, 트랙터를 태워주었다. 신기해하며 함박웃음 짓던 표정, 아토피가 좋아져 처음 소고기를 구워 먹었던 캠핑장, 유치원부터 초등, 중고등학교 학부모 모임과 물놀이 등이 주마등처럼 스쳐 간다.

내게 하나뿐인 아들을 선물해 주고 건강하고 바르게 키워준 아내는 매일 아침 기도와 야채 주스로 응원해 준다. 착하게 잘 자라 겉은 어린 듯하나 속 깊은 우리 아들은 든든한 희망이다. 둘이 티격태격하다가도 밤늦도록 정겹게 이야기 나누는 소리가 이젠 내 삶의 새로운 원동력이다. 표현하기 엄청 쑥스럽지만, 내 삶의 소소한 일들에서 긍정적인 의미와 감사를 발견하도록 함께해 준 **여보, 아들, 고마워!**

## 에필로그

　우리의 인생은 읽기, 듣기, 쓰기, 말하기로 이루어져 있다. 우린 학교 교육과 사회 분위기 등으로 인풋인 읽기와 듣기는 익숙하지만 아웃풋인 쓰기와 말하기는 왠지 모르게 어색하고 불편하다. 예전의 나 또한 그런 사람이었다.

　그러다 만나는 사람의 변화를 통해 생각의 전환을 경험했고 글쓰기와 책 쓰기의 효과를 경험했다. 이후 꾸준한 글쓰기와 책 쓰기로 내면과 외면의 큰 성장을 경험했고 지금은 감사하게도 누군가의 꿈을 이루어주는 행복한 인생을 살고 있다.

　글쓰기와 책 쓰기에는 집중하는 시간과 많은 에너지가 필요하다. 그런 어려움을 이겨내고 마음과 용기를 내어 이번 프로젝트에 참여한 아름다운 분들을 다시 한번 소개한다.

우경하 이은미 조유나 박선희 이연화 조대수 최현주 이형은
윤민영 심푸른 황경남 김경화 강화자 양 선 한준기 김송례
장예진 김미옥 김종호 조성연 음희화 이석희 엄일현 최형임
데보라 조미라 문선화 정원임 장선희 남궁인정 김지영 한기수
김혜경 박해리 최찬희 세 라 오순덕 최민경 한민정 최윤정
김선화 홍세연 신선주 안재경 이언주 김성환 우정희 김미례
정진우 정광영. 이상 50명의 작가님에게 격려와 응원의 박수를 보낸다. 다음은 당신 차례다.

　우리의 감사 향기에 세상에 잘 전해지길 희망하며 우리의 가슴 따뜻한 이야기를 마무리한다.

당신은 무엇에 감사를 느끼나요?